観光と地域振興
その実践的応用

大久保あかね [著]

中央経済社

▶▶まえがき

　観光学の役割とは何か。それは，はたして社会の役に立つ学問なのか。
　社会人になってから大学院に入学したせいかもしれない。学んだことを，どうしたら社会に還元できるかを考えてきた。
　筆者が観光学と出会ったのは1998年である。その2年ほど前から旅行情報誌の観光情報担当として働いていた。行政や旅館・ホテルなどの観光施設に出向き，集客広告を提案する企画営業である。折からの国内旅行不況で，徐々に担当施設の集客効果が鈍りはじめ，漠然とした危機感を抱きはじめていたころだ。
　1997年の年末に立教大学に観光学部と大学院観光学研究科が設立されること，大学院では社会人学生を募集していることを知った。迷わず受験し，1期生として入学した。振り返れば，「勢い」のような出会いであった。
　ここで，観光にかかわる事象を，社会学，心理学や地政学，都市計画などの視点で学べたことは，それまでPRと集客を中心に考えてきた観光のイメージを覆す衝撃的な経験だった。その結果，大学院後期課程に進学し，情報誌の仕事を辞めて観光研究者の道を選択することになった。
　しかしながら，世間一般では観光事象に対する認識はいわゆる「観光＝遊び」であり，観光地以外では軽視されがちだった。それが一変するのは，2003年の年頭である。当時の総理大臣であった小泉純一郎氏の「観光立国宣言」がきっかけである。
　それ以降，あらゆる自治体の政策に「観光」というキーワードが登場することになる。大学教育においても，国際観光，観光マネジメント，観光ビジネスを冠する学部，学科，専攻コースなどが新設されはじめた。大学の正規科目に「観光」が取り入れられたのだ。
　一方，「観光政策」に取り組みはじめた地方行政にとって，大学に新設された観光系クラスとの協働は基礎調査などのノウハウ構築などにメリットが大きいと考えたのだろう。実際に各地で大学の観光系ゼミナールが，大学と産業界，

行政とを結ぶ産学官連携事業の窓口になっている。

　観光学に興味を持つ学生にとっても，座学一辺倒よりも多種多様な観光地や観光ビジネスに携わる人々との関係性から吸収する内容が大いに刺激となる。

　その結果，観光現場でさまざまな主体とかかわりながら学ぶ「実学」としての観光学教育が，産官学連携という形態を活用することで実現している。

　しかし，残念ながら各大学やゼミナールで取り組んでいるさまざまな活動が共有される機会は，極めて少ない。

　また，観光やまちづくりの場面ではあらゆる調査が実施され，おそらくその都度，貴重な調査データが収集されているが，それが共有される機会がないのが現実である。調査の計画から実施，調査票の作成や収集にかかわる技術など，蓄積して共有すべきことも多いに違いないと思うと，残念である。

　そういう筆者自身も，13年余りの教員生活の中で"場当たり的に"地域振興に携わっていたといわざるを得ない。今回機会を得て，筆者がゼミ生と携わってきた地域振興にかかわる活動を整理することができた。

　本書で紹介しているプロジェクトは，そのときどきに報告書や，先生方と執筆した共著の分担執筆分として作成したものをもとにしている。また執筆時と若干の時間差で状況が変化しているため，その後の状況を追記して補足している。

　事例は静岡県東部の地域との協同事業ではあるが，地域資源の発掘，観光客および地域住民を対象とした対面調査，留め置き調査，ツアーの造成，商品開発など，類似課題を持つさまざまな地域でも汎用できるように整理を心がけた。また，本書の後半には調査データをより有効に活用するために，データの統計処理による精査にも触れている。

　本書は，大学の観光学，特に観光調査法や観光マーケティング論，観光地計画論などの講座で教科書として使用することを想定して執筆したが，大学生とともに地域振興に取り組む地方行政や地域の企業の皆様にもお役立ていただければ幸いである。

　これまでのプロジェクトでは，多くの方々のお世話になったことを改めて痛

感した。また本書の刊行に際しては，常葉大学経営学部竹安数博教授，中央経済社杉原茂樹編集長に大変お世話になった。ここに深く感謝申し上げる次第である。

　平成30年12月

日本大学短期大学部
観光学博士　大久保あかね

▶▶目　次

まえがき

第1章　観光まちづくりの社会的変遷
～熱海市を事例に～

- 1.1 観光とまちづくりの定義 ……………………………………………… 2
  - 1.1.1 「観光」の定義の変遷　2
  - 1.1.2 まちづくりと観光まちづくり　4
- 1.2 熱海温泉の観光史 ……………………………………………………… 5
  - 1.2.1 熱海市の概要　5
  - 1.2.2 熱海温泉の歴史的変遷　6
- 1.3 旅館事業者が先導したまちづくり …………………………………… 9
  - 1.3.1. 近代旅行システムを先導　9
  - 1.3.2 ユニークな観光商品の実験場　11
- 1.4 マスツーリズムの終焉と地域の変化 ………………………………… 13
  - 1.4.1 熱海市の人口構造の特徴　13
  - 1.4.2 熱海市の新たな観光行政　15
- 1.5 市民主導の「暮らしやすい熱海」の模索 …………………………… 16
  - 1.5.1 観光振興からシティプロモーションへ　16
  - 1.5.2 特定非営利活動法人atamista（アタミスタ）の活動　18
- 1.6. その後の熱海 ………………………………………………………… 20

第2章 地域資源を活用した商品開発
～小山町道の駅を題材に～

- 2.1 小山町の概要 ……………………………………………………… 26
- 2.2 道の駅の定義と現状 ……………………………………………… 27
    - 2.2.1 道の駅の定義 　27
    - 2.2.2 地域産品の販売拠点 　27
- 2.3 道の駅を拠点とした商品開発プロジェクト …………………… 28
    - 2.3.1 プロジェクトの目的 　28
    - 2.3.2 プロジェクトのスケジュール 　29
- 2.4 市場調査 …………………………………………………………… 30
    - 2.4.1 静岡県内における道の駅の実態調査
      （9月1日）　30
    - 2.4.2 「道の駅ふじおやま」における24時間定点観察
      （10月8・9日）　33
    - 2.4.3 市場調査のまとめ　38
- 2.5 試作実験および試験販売 ………………………………………… 39
    - 2.5.1 試作実験（11月1日）　39
    - 2.5.2 試作販売①　道の駅12周年感謝祭会場
      （11月6日）　39
    - 2.5.3 試作販売②　富士宮市　柚野のさと祭り会場
      （11月26日）　41
- 2.6 プロジェクトの成果 ……………………………………………… 42
    - 2.6.1 道の駅ふじおやまへの提案（12月21日）　42
    - 2.6.2 道の駅ふじおやまのリニューアル・オープン
      （2月4・5日）　44
    - 2.6.3 小山町からの評価　46
- 2.7 その後の小山町 …………………………………………………… 47

第3章 産業都市における観光振興
～静岡県富士市を題材に～

- 3.1 富士市の概要 ………………………………………………… 52
  - 3.1.1 富士市の発達史 52
  - 3.1.2 富士市の観光政策 52
  - 3.1.3 学生視点による政策提案 55
  - 3.1.4 「観光」をキーワードとした産学連携の諸形態 56
- 3.2 「観光」の視点から見た産業都市 …………………………… 57
  - 3.2.1 産業を観光資源ととらえる「産業観光」 57
  - 3.2.2 産業観光資源としての「工場夜景」 58
- 3.3 富士市の産業観光資源 ……………………………………… 59
  - 3.3.1 工場夜景 59
  - 3.3.2 富士ブランド認定品 60
- 3.4 産学連携による富士市の観光振興プロジェクト ………… 61
  - 3.4.1 プロジェクトの契機 61
  - 3.4.2 プロジェクトの組織，メンバー 62
  - 3.4.3 プロジェクトの目的と進め方 63
  - 3.4.4 調査の概要と調査結果のまとめ 64
  - 3.4.5 富士市の産業観光への提言 71
- 3.5 プロジェクトの成果 …………………………………………… 73

第4章 地域ブランドと観光土産品
～高速道路SAでの調査を題材に～

- 4.1 日本の土産の特徴と現状 …………………………………… 78
- 4.2 観光土産の市場規模 ………………………………………… 79

4.3 「地域ブランド」による土産物の開発 ················· 81
　　　　4.3.1 「地域ブランド」の定義　81
　　　　4.3.2 地域ブランド創設に対する省庁の支援　82
　　　　4.3.3 静岡県内の地域ブランド取得と運用の傾向　84
　　4.4 「六次産業化」による地域資源の活用 ················· 85
　　　　4.4.1 農産品をとりまく生産者と消費者との関係　85
　　　　4.4.2 地域産品の販売拠点としての「道の駅」　86
　　4.5 「土産品」購入場所としての高速道路サービスエリア
　　　　··· 87
　　　　4.5.1 高速道路サービスエリアの位置づけ　87
　　　　4.5.2 土産品販売状況の変化　88
　　4.6 新東名SA/PAにおける土産品購買状況調査 ·········· 89
　　　　4.6.1 調査の目的と実施概要　89
　　　　4.6.2 調査結果の概要　89
　　　　4.6.3 調査結果の考察　95
　　4.7 地域ブランドと観光土産品の展望 ······················ 96

第5章　中心市街地の再活性化
　　　　～富士市の商店街を題材に～

　　5.1 富士市の中心市街地の課題 ······························· 100
　　5.2 中心市街地を取り巻く課題 ······························· 101
　　5.3 リノベーションまちづくりの広がり ··················· 102
　　　　5.3.1 「リノベーション」と「まちづくり」　102
　　　　5.3.2 リノベーションまちづくりの取り組み事例　103
　　5.4 富士市まちなか再起動計画 ······························· 104
　　　　5.4.1 プロジェクトの組織体制　104
　　　　5.4.2 プロジェクトの目的と概要　105

5.4.3　遊休不動産実態調査　*105*
　　　5.4.4　起業家に対する聞き取り調査　*107*
　5.5　リノベーションに対する需要調査 ·· *108*
　　　5.5.1　生活者・来街者アンケートの概要　*108*
　　　5.5.2　生活者・来街者アンケートの結果　*109*
　　　5.5.3　商店街に対するイメージ　*111*
　　　5.5.4　商店街に望む機能とリノベーションの需要　*112*
　5.6　活用・再生案の検討 ·· *113*
　　　5.6.1　パイロット事業対象不動産の選定　*113*
　　　5.6.2　パイロット事業の事業計画案作成　*113*
　5.7　まとめ ··· *114*

第6章　調査データの活用 I
～仮説検定による精査～

　6.1　観光調査の現状と課題 ·· *118*
　6.2　河津桜まつりにおける観光客動向調査 ································· *119*
　　　6.2.1　調査の概要　*119*
　　　6.2.2　基本統計調査結果　*120*
　6.3　仮説の検証 ·· *122*
　　　6.3.1　仮説の設定　*122*
　　　6.3.2　仮説検定　*122*
　6.4　考　察 ··· *130*
　6.5　仮説検定の意義 ··· *133*

第7章 調査データの活用 II
～多重応答分析による精査～

- 7.1 富士まちなか再起動計画 ………………………… 138
- 7.2 吉原商店街の分析結果 ……………………………… 139
  - 7.2.1 回答者の特徴　139
  - 7.2.2 多重応答分析で使用した質問項目　141
  - 7.2.3 多重応答分析　143
  - 7.2.4 考察　149
- 7.3 富士本町商店街の分析結果 ………………………… 150
  - 7.3.1 回答者の特徴　150
  - 7.3.2 多重応答分析で使用した質問項目　151
  - 7.3.3 多重応答分析　154
  - 7.3.4 考察　160
- 7.4 多重応答分析の成果 ………………………………… 161

第8章 産官学連携プロジェクトの効果
～地域連携と学生の成長～

- 8.1 「観光学」と大学教育 ……………………………… 166
- 8.2 ゼミナールの運営方針 ……………………………… 167
- 8.3 ゼミナール活動の基盤づくり ……………………… 168
- 8.4 産官学協働プロジェクト …………………………… 172
- 8.5 プロジェクトの進め方 ……………………………… 176
- 8.6 プロジェクトの効果 ………………………………… 179

▶▶さくいん　182

第1章

観光まちづくりの社会的変遷
～熱海市を事例に～

- **1.1** 観光とまちづくりの定義
- **1.2** 熱海温泉の観光史
- **1.3** 旅館事業者が先導したまちづくり
- **1.4** マスツーリズムの終焉と地域の変化
- **1.5** 市民主導の「暮らしやすい熱海」の模索
- **1.6** その後の熱海

1.1 観光とまちづくりの定義

1.1.1 「観光」の定義の変遷

「観光」という社会的現象は，一般的に「楽しみを目的とする旅行」という人間の社会的行動を示すものと，「旅行とそれにかかわりを持つ事象の総称」といったさまざまな事業活動を含んだものとの2つの意味あるいは用法[1]がある。

この観光という言葉は，中国の書物『易経』の「觀国之光，利用賓于王（国の光を観る，用て王に賓たるに利し）[2]」に由来するとされる。

溝尾（2007）は觀の部首に神聖な鳥である「こうのとり」が使われていることから，観を「みきわめる，くわしくみる」という意味が込められていると指摘している[3]。

江戸時代の終盤につくられた観光という用語は，1893（明治26）年に設立された貴賓会の設立目的「…遠来の子女を歓待し旅行の快楽，観光の便利を享受せしめ…」に使われた。貴賓会は1912（明治45）年にジャパン・ツーリスト・ビューロー[4]に発展し，中国大連に支部を開設した際に名称を「日本国際観光局」としている[5]。その後も鉄道省が1930（昭和5）年に外客誘致のための「国際観光局」を設立するなど，第二次世界大戦以前の政府および産業界では，観光は外国に対して「見せる，示す」という意味で使われていた。この時代の観光は，貴重な外貨獲得の手段[6]としても位置づけられていた。

戦後，1963（昭和38）年に「観光基本法」が制定され，1964（昭和39）年には旅券の一般交付が解禁，東京オリンピックが開催されるなど，この時期にインバウンド（外国人の訪日旅行）とアウトバウンド（日本人の海外旅行）の両方向の観光体制が整った。このころから「観光」が「見る」側の意味合いで定着したと考えられる。国内観光に焦点を当てると，高度経済成長期の社員慰安旅行を契機として団体観光旅行が盛んになり，大衆観光時代に突入した時期とも重なる。

人々の観光行動が活発になるにつれて，移動と宿泊など観光にかかわる諸事

業による経済効果と，人々の交流にともなう文化・社会的効果が重視されるようになる。それぞれの地域において，魅力ある観光対象をつくりだすために地域の文化や自然を観光資源として活用するとともに，観光施設や宿泊施設の開発が求められた。

事実，大衆観光によるマスツーリズム時代を迎えた高度経済成長期から，国土総合開発法に基づく全国総合開発計画などの国レベルだけではなく，市町村レベルでも「まちづくり」や「村おこし」という名目で地域振興としての観光開発が行われてきた。

例えば，自然と親しむ余暇の過ごし方を実現するという目的で国立公園に景観道路が設置され，周辺にはスキー場や宿泊施設の整備が進められたり，既存のレジャー施設や宿泊施設では，より多くの観光客を受け入れるための設備投資が行われた。

一方，若者などの労働力が都市部や工業地帯に集中し，過疎化の進行，農地や森林の荒廃など，危機的な状況に陥った中山間地域も多かった。1987（昭和62）年に成立した「総合保養地域整備法（通称：リゾート法）」は，過疎化が進む地域をリゾート観光地として生まれ変わらせる理想的な事業であった。国土庁をはじめ農水省・自治省などの6省庁が主務官庁となり，41都道府県42地域が計画策定を行った。しかしながら，1990年初頭のバブル経済崩壊によって，3分の2の事業が打ち切りになり，開設した地域でも財政破綻が相次いだ。全国が総観光地化を目指して挫折したことは後に批判の対象となっているが，その後の新しい地域づくりの教訓になっている。

1987（昭和62）年には，運輸省が海外旅行者1,000万人を目指した「テンミリオン計画」を発表するなど，わが国の観光政策はアウトバウンド観光が中心であった。この計画は1992（平成4）年に1,000万人を達成したのに対し，同年のインバウンド観光客は300万人であった。その後もアウトバウンド観光は順調に増加し，2000（平成12）年に1,781万人を突破している。

それに対して，インバウンド客数が350万人であった1996（平成8）年に「ウェルカムプラン21（訪日観光交流倍増計画）」を策定した。

観光政策の転機となったのは2003（平成15）年に小泉首相（当時）による「観光立国宣言」である。これにより，観光は重要な国家政策課題となった。

2007（平成19）年に「観光立国推進基本法」が制定された。基本方針に，「国際競争力の高い魅力ある観光地の形成」，「観光産業の国際競争力の強化」，「国際観光の振興」，「国内外からの観光旅行の促進のための環境整備」の4つを掲げ，翌2008（平成20）年に国土交通省内に観光庁が設置された。

各地方自治体においても，総合計画などに観光振興にかかわる分野が加えられるようになってきた。

1.1.2　まちづくりと観光まちづくり

「まちづくり」という用語がはじめて使われたのは，秀島乾が1947（昭和22）年に行った「町造り」事例報告[7]であり，それ以降都市計画の分野で使われてきた。一方，1970年代に入ってから盛んになった市民参加の社会運動の延長線上[8]でも「まちづくり」という言葉が使われている。つまり，都市計画というハードの視点と，市民の活動というソフトの視点を持つ用語である。

現在では「まちづくり」の前に防災や福祉，観光などの言葉を加えて幅広い分野で使われる用語になっているが，ここでは観光地におけるまちづくりに焦点を当てて解説する。

「観光地」とは，一般に観光行動の目的地であり，観光対象を求めて観光者が集う地域を指すが，その定義は極めてあいまいである[9]。例えば，外国人には日本が観光地であり，国内の人には，京都も，京都の一部である嵐山も観光地になる。

「観光まちづくり」という表現の中には，梅川（2012）[10]が指摘するように「まちづくりの視点での観光振興」と「既存観光地におけるまちづくり」という2つの方向性がある。前者は非観光地における「まちづくりから観光へのアプローチ」であり，後者は従来から観光振興に取り組んできた都市や地域における「観光側からまちづくりへのアプローチ」である。とりわけ，前者の非観光地における取り組みが成功事例として取り上げられることが多い。

観光まちづくりは「観光開発」や「観光地づくり」とは異なる意味を持つ用語として定着しつつある。とりわけ，観光まちづくりにおける「観光」とは，地域外の観光事業者が主導する従来型観光ではなく，着地型観光に代表される地域社会が主導する観光を指すことが多い。安村（2006）[11]も「観光まちづくりの現実が話題になり，それらを訪れる人たちが急増したのは1990年代頃である。」と指摘している。

しかしながら，マスツーリズムの時代を経験した従来型観光地こそ，改めて観光まちづくりに取り組むべきである。久保田（2000）[12]他が指摘するように，従来型の温泉観光地での宿泊客数の減少，著名な温泉旅館の経営破綻などの深刻化した課題は，地域全体で解決することが有効であろう。

いずれにしても，観光まちづくりは交流を促進する観光活動であることから，顧客の視点で評価する必要がある。森重（2015）[13]は観光まちづくりの活動評価項目として，活動の参加人数や実施回数といった基本的評価に加え，「活動が地域内でどれくらい展開されているか」「新たな活動がどれくらい生み出されているか」「活動がどれくらい継続しているか」という評価の視点を示した。

本章では，日本における典型的な温泉観光地のひとつである熱海温泉（静岡県熱海市）を事例に取り上げる。熱海温泉は，江戸時代に湯治場としての基礎が築かれたが，歴史の中で何度かの大きな転機を迎え，その都度生まれ変わってきた。ここでは，その歴史的変遷を踏まえて近年の施策の取り組み，市民による観光まちづくりの意義を検証したい。

1.2 熱海温泉の観光史

1.2.1 熱海市の概要

静岡県熱海市は伊豆半島の東端に位置し，背後を山に囲まれ，相模湾に面した風光明媚な環境にある。面積は61.61km²，人口は37,576人（2017年9月現在）である。就業人口の83.7％が第3次産業に従事し，その約半数（49.15％）が「飲食店，宿泊業」および，「卸売・小売業」に区分されている[14]ように，観光

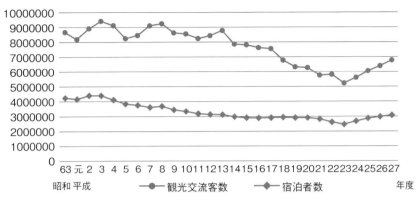

データ出所)「熱海市の観光」(平成29年度版)

図1.2.1 熱海市の観光交流客数と宿泊客数の推移

関連産業に従事する比率が高い。

　市内には，熱海温泉（中心市街地），南熱海温泉（網代・伊豆多賀），伊豆湯河原温泉（泉地区）および伊豆山温泉（伊豆山地区）の4つの温泉地区を有し，ホテル・旅館の半数はその中の熱海温泉に集中している。宿泊施設数は1984（昭和59）年の838軒（ホテル・旅館209軒，寮・保養所629軒）に対して，2015（平成27）年には291軒（ホテル・旅館116軒，寮・保養所175軒）と，特に寮・保養所の減少が顕著である。

　宿泊施設数と比例して宿泊客数も減少している。1991（平成3）年度の440万2,393人からおよそ10年間で300万人前後にまで減少，2011（平成23）年度には約246万人と56％程度にまで落ち込んだ。同様に，日帰り観光客を含めた観光交流客数もピーク時の約56％にまで落ち込んでいる。

　しかし，翌2012（平成24）年から対前年比7～9％の増加がみられている（図1.2.1）。この観光客数の上昇傾向を転機ととらえ，地域の課題を整理し直す必要がある。

1.2.2　熱海温泉の歴史的変遷

　熱海温泉の開湯の歴史[15]は1,500年以上前にさかのぼる。奈良時代半ばに箱根

権現の万巻上人が法力で泉源を陸上に移したという伝承が現在の伊豆山温泉走り湯の起源であるとの伝承がある。熱海の地名は平安時代の承平年間（931～937）に源順が撰述した『倭名類聚抄』に記載された「直見郷」を，熱水・温水を指す「あたみ」郷が転じたものとしている。この伊豆山の走り湯と，熱海の大湯が熱海温泉の核となる重要な源泉である。

　現在の熱海温泉の中心市街地は，江戸時代に大湯間欠泉を中心に形成された湯治場が基盤となっている。高温で吹き上げられる「大湯」の温泉は徳川家康に好まれ，熱海温泉は江戸幕府の天領となった。源泉は引き湯権（湯株）を持つ27戸の「湯戸」と呼ばれた宿にだけ配湯され管理されてきた。一般の湯治場が共同浴場を中心として発達したのに対して，熱海温泉の湯戸は施設内に「内湯」を完備していたことから，貴人に好まれる湯治場として認識されていたと考えてよい。

　この湯戸を中心とした江戸時代の湯治場を熱海温泉の第Ⅰ期として，現在に至るまでに熱海温泉は三度の大きな転機を経験している。

　熱海温泉の第一の転機は，明治初期の社会変革が背景となる。明治初期の新聞に「（熱海温泉には）日に日に温泉客が増加し，温泉を生業とするものは増加の一途をたどっている」（1877（明治10）年，静岡新聞）と書かれているように，西南戦争に勝利した新政府の右大臣岩倉具視以下，参議・卿と呼ばれる政府大官の多くが熱海に来遊しては長期に滞在した。

　新政府のそうした高官や政商たちは，熱海温泉への滞在中に都市開発のプランを考え，潤沢な資金を提供した。その結果，熱海には鉄道をはじめとする社会基盤に加えて，外国人対応のための旅館（眞誠社），西洋風のホテル（樋口旅館），回遊式庭園（熱海梅園）や温泉を活用した西洋式療養施設「噏滊館（きゅうきかん）」などの文化施設などが整備され，他の温泉観光地より先んじて近代的都市への変貌を遂げたのである。

　また1897（明治30）年1月から読売新聞で連載された『金色夜叉（尾崎紅葉）』の名場面の舞台になるなど，メディアによって熱海の知名度も高まった。

　第二の転機は第二次世界大戦後，熱海市街を襲った熱海大火が背景となる。

戦時下の熱海には軍の保養所や医療施設の指定を受けた旅館も多く，物資の統制が厳しい中でも食料割り当てに余裕があったことや，多くの著名人の疎開地として選ばれたことから戦争中も営業を続けられていた。ところが，1950（昭和25）年4月3日に熱海駅前の繁華街仲見世で発生した火事と，10日後の13日に工事現場の失火が原因で起こった熱海大火によって，市の中心部がほとんど焼け野原になる。

しかし，この直後に「熱海国際観光温泉文化都市建設法」[16]が制定され，土地区画整理事業のもとで鉄筋造りの大旅館が林立する今日の市街地の基本形が形成された。熱海温泉は高度経済成長期を先取りする形で，近代観光温泉地として完成した。

第三の転機は，バブル経済の崩壊以降に観光客の減少という形で降りかかる。消費者の旅行形態や，情報化などに対応できなかったと非難されることも多い。しかしながら，近年の熱海温泉は，まさに第Ⅳ期へと移行する渦中にあるともいえる（表1.2.1）。つまり，熱海温泉はそのときどきの社会基盤や経済状況を含む社会情勢，そして地域外からの投資などによって生まれ変わってきたとい

表1.2.1　熱海温泉の歴史的変遷

	第Ⅰ期 江戸時代まで	第Ⅱ期 明治〜昭和初期	第Ⅲ期 戦後〜 バブル経済期まで	第Ⅳ期 平成以降 （バブル崩壊後）
施設	湯戸27戸	旅館50軒 ＋ 別荘	旅館200軒 ＋ 寮・保養所	旅館100軒〜 ＋ 別荘（＆移住）
経営者	湯株の占有者のみ	他地区からの資本が参入	他地区からの資本が参入	他地区からの資本が参入
特徴	「内湯」を備えた高級宿 貴賓（国賓）への対応	高級官僚と軍部による利用 資本家による別荘建築	大規模旅館による団体旅行への対応 旅行の大衆化による市場の拡大	「まちの魅力」の見直し 新しいスタイルの旅行への需要
中心	大湯周辺	本町〜銀座	東海岸町	市街地全域へ

う歴史を持つ。現在の変化もその大きな流れの中で読み解くべきである。

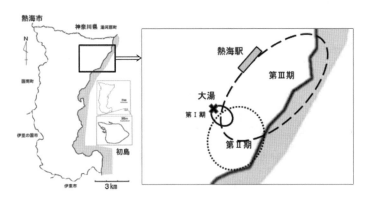

図1.2.2　熱海温泉の中心地の変遷

1.3　旅館事業者が先導したまちづくり

1.3.1　近代旅行システムを先導

　湯治場の宿泊施設では、明治時代に入っても客が自炊しながら長期滞在するのが一般的な利用方法であった。それに対して、熱海温泉の宿泊施設ではすでに客に食事を提供する現在に近い接遇体制が整っていた。

　明治時代に発行された旅行案内『熱海温泉案内』（樋口貞次郎著：1891）には、「食物の調へ方は種種ありて、客人の好みに任す」と書かれている。

　また1874（明治7）年には、外国人旅行者にも対応する旅館がつくられた。東海道三島宿で本陣を経営していた世古六太夫直道が始めた「眞誠社」である。熱海の本陣だった今井半太夫の屋敷を改築したもので、現存する宿帳（図1.3.1）には少なくとも3年間に78名の外国人を宿泊させた記録が残っている[17]。

　1泊につき夕食・朝食の2食を提供する接遇体制は、外国人観光客を想定して鐵道省が発行した「クーポン式遊覧券」（1925（大正14）年）に条件づけられたことを契機に、その後全国的に普及する。

注）世古家所有，筆者撮影

図1.3.1　眞誠社の宿帳

　宿泊客への食事の提供をはじめとして，さまざまな革新的な旅館経営を実践する，いわば市場調査の舞台として熱海温泉で旅館を開業する経営者が多かった。例えば，「瑞雲荘大野屋旅館」創業者の大野甚松がそのひとりである。

　1936（昭和11）年に開業した大野屋は，新潟県を中心に東京，大阪など複数の都市で商人宿を展開する中で，温泉地の旅館第1号として熱海を選んでいる（図1.3.2）。

図1.3.2　瑞雲荘大野屋旅館　絵葉書

大野は，丹那トンネルの開通によって熱海駅に乗り入れる東海道線の列車で輸送可能な人数である300人を基準として，旅館の設備と接遇システムを設計した。300人が一度に入浴できる大浴場，一堂に会することができる大広間と，食事を提供するための厨房の体制などである。特に，源泉4本を使って温泉が自然に循環するように設計され，「ローマ風呂」と名づけられた大浴場は，その後の温泉旅館の大浴場設計に影響を与えた。

　また，大野屋旅館と同時期に横磯（東海岸町）に開業した旅館「つるや」の畠山鶴吉は，それまでの旅館の慣習であった「茶代」の廃止を掲げた。「茶代」とは，いわゆるチップや心づけともいう規定料金以外に支払う現金である。顧客側の裁量に応じて支払われるのが原則ではあるものの，その多寡によって接遇の対応が変わるなど，旅慣れていない庶民にとっては気の重い習慣だった。「茶代」を廃止するという新しいシステムは顧客に大いに歓迎されたことが想像できる。

　新しい設備とシステムを武器に熱海に開業した大野屋，つるやという2軒の影響力は大きく，旅館と一般庶民との距離を近づけ，熱海温泉の大衆化に大きく影響した。

1.3.2　ユニークな観光商品の実験場

　高度経済成長期にも熱海温泉では新たな接遇システムを開発し，マスツーリズムのブームをけん引した。

　そのひとつが，レストランシアターでの本格的なショーを前面に押し出して1964（昭和39）年に開業した「熱海静観荘」である。当時の雑誌「旅」のカラー全面広告ページには，「アタミでハワイを楽しもう」「ハワイご招待」「ご招待方法は静観荘提供番組でお知らせします」「常夏のハワイからフラ・ダンサーを招いて，全館にハワイ・ムードがいっぱい」という宣伝がなされている（図1.3.3）。

　静観荘では，1日2回のハワイアンショーに加えて，深夜のナイトショーには東京有楽町の日劇ミュージックホールのダンサーを招いている。また，レス

トランの接客にはゴールデン赤坂やミカドといった当時一流と評価されたクラブからマネージャーやボーイを集めたという。経営者の中沢和夫は，東京と同レベルのエンターテインメントを熱海の旅館で実現したことになる。

その後レストランシアターは，食事時間の調整やサービスの省力化など経費節減に役立つとして，全国の多くの旅館に導入されていく。

同じ年に全室洋室，最大収容人員1,200人で開業した「ニューフジヤホテル」も，開業翌年には静観荘と同様の路線でレストランシアターを導入し，サーカスやアイススケートショーも取り入れている。

翌年8月に開業した「熱海後楽園ホテル」は，ホテル，レストランショーと温泉，遊園地からなる複合施設として，熱海温泉への家族旅行の誘致に大いに貢献することになった。

熱海市内の他の旅館でも館内設備を急速に充実させている。その一例として，客室内のバス・トイレの整備が挙げられる。市内の下水道の敷設などの社会資

出典）雑誌「旅」1964年4月号

図1.3.3　静観荘　開業時の広告

本整備が進んだことで，他の温泉地よりも早い段階で水洗トイレが導入され，近代的な客室の設備が実現したのである。

その他，レストラン，喫茶・売店やビリヤード，バンド，温泉プールなどの娯楽性の強い付帯設備の整備に結びつき，旅館の空間の快適化，エンターテインメント化を促進させていった。

これらの旅館内のエンターテインメントの数々は，1970年代までの社員旅行を筆頭としたマスツーリズムの需要に呼応した形でふくれ上がり，結果としていわゆる「囲い込み型」と後年に非難されるように，チェックインからアウトまで一歩も外出が不要な旅館が完成していく。

同時に1952（昭和27）年から開催されている「熱海海上花火大会」のように，熱海市内の旅館組合や観光協会が主催する誘客イベントも増加していく。このように，消費者の需要を少し先んじた楽しみを提供する旅館経営者たちのアイデアや設備投資が功を奏して熱海温泉は圧倒的な知名度を確立するに至る。

まちづくりという視点でまとめると，これまでの熱海は行政による社会資本整備や観光事業の経営者による施設整備等，都市計画的な視点でのまちづくりが先行しており，それが熱海の地域経済を支えてきたといえる。

1.4 マスツーリズムの終焉と地域の変化

1.4.1 熱海市の人口構造の特徴

熱海市の人口は1965（昭和40）年の54,540人（国勢調査）をピークに減少に転じ（図1.4.1），平成32年には34,035人になると予想されている[18]。

さらに，熱海市の人口構造の顕著な特徴は高齢化率の高さである。熱海市の人口構造は，1965（昭和40）年と2015（平成27）年とを比べると，15歳未満人口（年少人口）の割合は19.2％から7.1％に，15歳から64歳人口（生産年齢人口）の割合は71.1％から48.2％に減少するなど大きく変化し，高齢化率が44.7％という超高齢社会を先取りした都市となっている。

熱海における人口構造の特徴は，20歳代，30歳代では転出者数が転入者数を

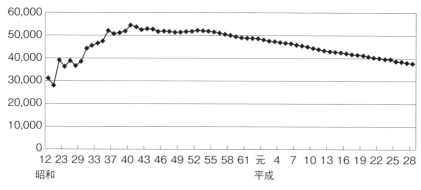

データ出所)「熱海市の観光」(平成29年度版)

図1.4.1 熱海市の人口推移

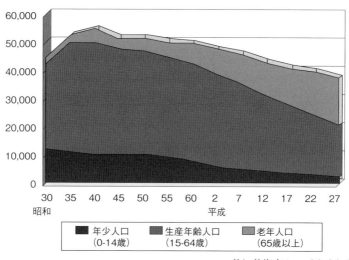

注)熱海市ウェブサイトより引用
http://www.city.atami.lg.jp/kenko/kenkoudukuri/1001100/1001102.html

図1.4.2 熱海市の人口構造の変化

上回り,人口の社会減を示すのに対し,50歳代以上では転入者数が転出者数を上回って人口の社会増が見られることである

若年層では進学・就職・結婚による転出が多く,50歳代以降では「家の新

築・購入」や「熱海が好きだから」など，永住希望を想起させる転入理由が多い。

これはリゾートマンションの戸数増加とともに，熱海市が2006（平成18）年度に「ニューライフ支援室」を設置するなど，移住促進に取り組んだ政策の効果といえる。熱海市の貴重な資源である温泉や自然などの環境に加えて，関東圏への通勤が可能な立地であることも移住者増加の大きな要因であろう。

この時期の熱海への移住者は仕事を求めて転居するわけではなく，むしろ観光事業者との関係性が薄いことが特徴である。

1.4.2 熱海市の新たな観光行政

熱海市では，2007（平成19）年に「熱海市観光基本計画」がはじめて策定された。

その前年度の熱海の宿泊客数はピーク時である1970年代の約55％にまで減少していた。当該基本計画ではその原因を，①旅行者の旅行形態が団体宴会型から小グループ体験型に変化したこと，②交通インフラの整備やふるさと創生により各地で温泉資源が発掘されたことによる温泉観光地やリゾート観光地の拡散，③海外旅行の増加などによるものと分析した。また，観光地としての熱海が1960～70年代の高度経済成長期に成熟したため，その後の旅行者の求めるニーズの変化に迅速かつ的確に対応しきれなかったという都市計画上の側面についても言及している。

さらに，「これまで観光交流という視点で総合的・体系的な政策を打ち出してこなかったこと」との反省を踏まえ，「熱海の観光・まちづくりをもう一度輝かせるためには，観光地熱海の目指すべき姿を明確に示し，そこに向かってそれぞれの立場からアプローチするため行政はもとより市民・企業そして熱海を取り巻く多くの方々の協力・連携を進めていくことが不可欠である」と書かれている。方針の転換は，前年度に新市長が就任したことも契機のひとつと考えられる。

当該基本計画における，熱海の目指すべき姿は「長期滞在型の世界の保養地

―心と体を回復させる　現代の湯治場熱海―」であり,「熱海観光の原点である『温泉』にもう一度光を当てながら（中略）市民そして観光客にとって満足度の高い心と体を回復させる『現代の湯治場』という世界に開かれた保養地づくりを目指す」と書かれている。

実現のための4つの柱として，Ⅰ　温泉中心主義，Ⅱ　もう一度行きたくなる街，Ⅲ　歩いて楽しい温泉保養地，Ⅳ　全員参加のまちおこし，という基本方針が掲げられた。

それまで観光産業の振興を中心に進められてきた熱海市の観光行政が，市民との協同体制を築くための第一歩を示したことに，大きな変化が認められる。

1.5　市民主導の「暮らしやすい熱海」の模索

1.5.1　観光振興からシティプロモーションへ

熱海市では2013（平成25）年2月に「シティプロモーション基本指針」を策定し，将来都市像である「住むひとが誇りを　訪れるひとに感動　誰もが輝く楽園都市　熱海」を実現，都市イメージを向上させる施策に取り組みはじめた。

熱海市のシティプロモーションとは，「市内に有する様々な地域資源や優位性を発掘・編集することにより価値を高めると共に，市内外に効果的に訴求し，ヒト・モノ・カネ・情報を呼び込み，地域経済の活性化を図る一連の活動」と定義される。

これまでの観光情報の発信に加えて，定住や投資を促進するための情報公開や相談会の開催や地域ブランドの広報に取り組むほか，メディアとの良好な関係の構築に取り組むことを指針に掲げている。

特筆すべき活動は，観光プロモーションの3年委託契約と，「ADさん，いらっしゃい」と名づけられたロケ支援サービスであろう。

前者は，これまで単年度契約で実施されていた観光プロモーションを3年単位の契約に切り替えたものである。観光振興に対する予算決定の後，委託契約先の募集，コンペティションから委託先の選定，広報企画，実施という一連の

流れで消費される時間と労力，諸経費が節約されるというメリットがある。さらに，3年間統一コンセプトで広報が継続されることは，市外のみならず市民に対してもイメージの浸透効果が高い。

このプロモーションは「意外と熱海」をキーコンセプトに，ターゲットを20～30歳代の若者に定め，温泉ではなく海をメインビジュアルに据えたもので，従来の中高年層を想定した温泉中心のプロモーションとは大きく異なっていた。

また，後者の「ADさん，いらっしゃい」は，市の観光経済課に専任担当者を配置し，番組の制作担当であるAD（アシスタントディレクター）等を24時間体制で支援し，番組誘致をする施策である。もちろん，映像以外のメディアにも対応している。

熱海市のホームページ内に，ADを支援するコンテンツを提示するとともに，ロケ先の情報提供に加えて，地元出演者との交渉や連絡調整，ロケ弁と呼ばれるスタッフや出演者の食事の手配などを無料でサポートする事業である。

熱海市に土地勘のない番組制作担当者に対して，番組の企画に見合う素材選定の段階から撮影時の許認可申請まで一手に引き受けている。

支援を実施することで多数の全国放送に熱海の多様な魅力を発信できること，都市イメージの向上につながるとの期待がかけられた。スタートした2012（平成24）年度に前年度対比2倍の62件，さらに翌年度からは100件を超える支援を継続し，これらのメディア露出が観光交流客数の増加にもつながっていると推察される。

また，副次的効果として，ロケやドラマのエキストラとして参加することで結果的に市民によるプロモーションの機会が増えたこと，それによる当該事業への市民の理解が深まること，行政，企業，NPOなどさまざまな立場への理解や協力体制が浸透しつつある。

当該シティプロモーション事業は，市民が楽しみながら参加できる観光まちづくりの新たな形態としても評価できよう。

1.5.2 特定非営利活動法人atamista（アタミスタ）の活動

　熱海温泉における市民参加プログラムを先導しているのは，特定非営利活動法人atamista（アタミスタ）である。

　代表理事である市来広一郎氏[19]は，高校時代まで熱海市で育ち，リアルタイムで旅館や保養所が撤退していく熱海の状況を見てきた。その後，世界中27ヵ国を旅した経験から，熱海は世界中のどんな都市にも負けない潜在的な魅力を持っていると実感し，東京でのコンサルティングファームを退職して2007（平成19）年に熱海に戻り，まちづくりへの第一歩を踏み出した。

　熱海に戻る前に参加した「NPO法人　一新塾」で固めた「100年後を見据えた持続可能なまちづくり」が，市来氏の活動を支える活動のコンセプトである。

　熱海に戻った年に，遊休農地の再生に向けた活動「里庭プロジェクト」を，翌年には交流体験プログラム「熱海温泉玉手箱（以下，オンたま）」を主催した。

　オンたまとは，小規模の体験交流型イベントを集めて集中的に開催する「オンパク（別府八湯温泉泊覧会）」の手法を取り入れた着地型観光プログラムである。別府ではじまったオンパクの手法は2007〜9（平成19〜21）年に経済産業省の支援を受けてモデル化され，現在は全国19ヵ所で同様の取り組みが行われている。

　熱海では，熱海市，熱海市観光協会との共催で2015（平成27）年まで8年間開催した。プログラムに参加した市民や別荘の住民の中には，熱海の魅力にふれた結果「パートナー」として企画側に立ち，ガイドとして活躍しはじめる人も多い。

　その後，市来氏は熱海のまちなかを再生することを目的に，民間まちづくり会社として株式会社machimori（まちもり）を設立し，2012（平成24）年には中心市街地である銀座商店街の空き店舗をリノベーションしたCafé RoCA（Renovation of Central Atamiの意）を開業，「海辺のあたみマルシェ」などのイベント開催を重ねた。また，2015（平成27）年9月には10年以上前に閉店したパチンコ店をリノベーションして「ゲストハウス　マルヤ」を開業した。資

注）2018年10月6日筆者撮影

図1.5.1 海辺のあたみマルシェ

金の一部はSNSを使ったクラウド・ファウンディングを活用している。

その後もコワーキングスペースnaedocoを開業したり、閉店したCafé RoCAのスペースをシェアテナントとして活用し、起業家のスタートアップ支援の場を創出している。

市来氏が特定非営利活動法人atamistaを立ち上げた当初は、移住組と呼ばれるマンション住民や、別荘居住者が中心だったものの、時間を経るにつれて地元住民の参加者が増加していき、それを目の当たりにした商店街の経営者たちに変化が表れはじめたという。

熱海が活性化するための活動のポイントは「継続」だと考え、「環境を変えることで行動が変わり、次に意識が変わる。僕たちがすることは、そのきっかけをつくること」と語る。まちなかにコミュニティの場が生まれ、人や情報が集まるとともに、地域内外の方からの信頼も厚くなっていく。

「ゲストハウス　マルヤ」は、「世界中を旅して、印象に残っているのは何日

も滞在したゲストハウスでの旅人や地域の人とのふれあいだった。熱海にもそんな場所があると良い」と考えてつくったという。旅人と生活者の接点としての役割を担う「マルヤ」は，県内外から若者や学生を集め，地元商店街の遊休不動産の活用方法をディスカッションし，最終日に参加者から土地所有者へプレゼンテーションを行う合宿制の「リノベーションスクール」を経て設計された。

　スクールの参加者は，マルヤの企画から参加し，設営にも汗を流すことで，自然に熱海とマルヤに愛着を持つ仕かけでもある。

　リノベーションまちづくりの活動は，2016（平成28）年から官民が連動して開催するATAMI2030会議，アイデアから起業までをサポートする99℃ Startup Program for Atami 2030などにつながり，着実に成果を上げている。

　熱海の人口構成で課題となっているのは20歳代から30歳代の地域外への流出である。とりわけ，子育て世代である30歳代に適当な住居や仕事が不足し，暮らしにくいとの意見が多い。

　一連の活動は，熱海を少しずつ変化させ，「100年後も豊かな熱海をつくるために」，クリエイティブな30歳代に選ばれる町にしていくという市来氏の活動の原点に基づいたものである。大きな動きとはいえないまでも，熱海で起業する30代，40代の新規参入住民が着実に増え，熱海に溶け込むことができている事実が，活動の成果といえる。

1.6　その後の熱海

　本稿では，熱海温泉におけるまちづくりの変遷を歴史的観点から整理した。

　江戸時代に高級湯治場として発達した熱海は，時代の中で3回の大きな変革を遂げ，1980年代までは確かに日本の観光を牽引する役目を果たした。

　これまでの熱海温泉は，それぞれの時期に活躍した温泉旅館経営者と観光旅行者によって形づくられる「温泉観光地」として認識され，そのときどきの景気や流行の元で評価されてきた。そこで生きてきた市民の暮らしは，観光によ

る経済効果の元に成り立ってきたと考えられてきたのかもしれない。

　しかし，現在熱海温泉には，まちづくりを担う「市民」が実力を発揮しはじめた。この「市民」は，熱海に長く住み続けてきた人に加え，移住者や別荘の住民など「旅人の目」を持つ人々である。まちの魅力を再確認し，新たな担い手となる市民を巻き込んだことで，熱海温泉はまさに第Ⅳの変革期の中にある。

　熱海の変化は国土交通省の『観光白書　平成29年度版』で，「長期的に賑わいを維持してきた観光地の取り組み」の事例に取り上げられた。以下，一部抜粋する。

　熱海の事例からは，トップも含めた行政機関と地域の関係者が集まる会議を設立し，地域をめぐる環境変化による危機意識の共有と，行政と民間が連携して取り組む共通の計画の策定を示唆として得ることができる。

　この結果，熱海では，若年層を新規顧客ターゲットとして明確化し，関係者間で実効性のあるプロモーション戦略を策定することで，近年20～30代の人気獲得につながった。また，行政のこうした動きに連動し，宿泊施設事業者による旅行スタイルのニーズにあったリノベーション，Uターン者・周辺地域の意欲ある若者によるカフェやゲストハウス等による商店街の活性化，農業・飲食店などの地域産業の担い手と連携した街でのイベントやコンテンツづくり，それを安定的に運営するための事業・起業創出などの取組が生まれている。（『観光白書　平成29年度版』p67）

　またTV，新聞，雑誌をはじめとする各種報道機関でも熱海のV字回復を盛んに取り上げている。

　熱海の変化がメディアに取り上げられやすいのは，高度経済成長期や，バブル経済期と崩壊後の衰退した状況など，良い時期も悪い時期も周知されやすいことが理由である。日本の典型的な大型温泉観光地という一般的な認識もあるかもしれない。東京から近いという環境も消費者に身近に感じてもらえるのだろう。熱海は，さまざまな視点で分析される温泉観光地であることは歴史的にも一貫している。

　「まちづくり」を，地域を活性化させる取り組みとしてとらえ，熱海を事例

に社会的変遷を背景に記述を試みた。まちづくりを市民が先導している現在は，これまでの歴史の中で最も画期的な変遷を遂げている最中であるといえよう。引き続き熱海の変化を観察していきたい。

　本稿は，安福恵美子編・著（2016）『観光まちづくり再考』（古今書院）の第3部"温泉地のまちづくり"（筆者執筆担当）に加筆修正して構成した。

▶▶注
1　前田勇編著（2012）『現代観光総論　改定新版』学文社，p.6
2　書き下し文は「一国の風俗の美を見ることで，その国の天子は威勢光輝であることがわかる。その天子に仕えて補佐し，その道の天下を行うのがよろしい」を意味する。出典は，前掲著など
3　溝尾良隆（2009）『観光学全集　1観光学の基礎』原書房，p.20
4　現在の株式会社ジェイティービーの前身
5　日本交通公社（1962）『五十年史』日本交通公社，p.11
6　千相哲（2016）「「観光」概念の変容と現代的解釈」『商経論叢』第56巻第3号p.6,他
7　渡辺俊一（2011）「「まちづくり定義」の論理構造」公益社団法人日本都市計画学会，都市計画論文集Vol.46, No.3, p.673
8　竹内裕二（2017）「まちづくりの系譜から"次のまちづくり"を考察する」筑波学院大学紀要第12集，pp.65-79
9　例えば『観光事典』（林実編，日本交通公社）では，「観光統計上の行政用語として用いる言葉であるが，（中略）一層正確に表現しようとすれば，観光地域とするほうがよい。ただし概念上地域と呼ぶには通念上面積が小さすぎるし，地点というには広がりすぎるとき，呼び方がないままに観光地と呼ぶ場合がある」と定義されている。
10　梅川智也（2012）「「観光まちづくり」はどこに向かうのか」『都市計画』295号 pp.7-11
11　安村克己（2006）『観光まちづくりの力学―観光と地域の社会学的研究』学文社，p.166
12　久保田美穂子（2008）『温泉地再生―地域の知恵が魅力を紡ぐ』学芸出版社，他
13　森重昌之（2015）「定義からみた観光まちづくり研究の現状と課題」阪南論集

人文・自然科学編，Vol.50．No.2
14 　産業別就業人口他，施設数等に関しては2015（平成27）年10月1日付
15 　石川理夫（2018）「「あたみ」の黎明期から伊豆山・熱海郷の温泉時代へ」『熱海温泉誌』熱海市，pp.18-28
16 　温泉観光文化都市建設法は，1950年から翌年にかけて制定された特別法である。他に伊東，別府，松山が指定された。
17 　大久保あかね（2008）「明治初期における外国人旅程に関する考察～熱海「眞誠社」宿帳の分析から」日本観光研究学会全国大会論文集23，p.50
18 　熱海市（2016），「熱海市まち・ひと・しごと創成人口ビジョン」p.32
http://www.city.atami.lg.jp/_res/projects/default_project/_page_/001/001/314/2201_1241.pdf
19 　この章は，2013（平成25）年に筆者が実施した市来氏へのインタビューに基づき構成したが，市来氏がその後出版した以下の著書にさらに詳細に語られている。市来広一郎（2018）『熱海の奇跡―いかにして活気を取り戻したのか』東洋経済新報社

第2章

地域資源を活用した商品開発
〜小山町道の駅を題材に〜

2.1 小山町の概要
2.2 道の駅の定義と現状
2.3 道の駅を拠点とした商品開発プロジェクト
2.4 市場調査
2.5 試作実験および試験販売
2.6 プロジェクトの成果
2.7 その後の小山町

2.1 小山町の概要

　静岡県駿東郡小山町は，静岡県の北東端に位置し，神奈川県，山梨県と接する人口約2万人の地方小都市である。町の北西端は富士山頂であり，世界遺産の構成資産である富士山東口本宮富士浅間大社と，須走登山口を有している。

　江戸時代には，東海道足柄路を使う富士講の玄関口として多くの富士登拝者を迎えて賑わいを見せていた。また富士の裾野の豊富な湧水や，丹沢山系から流れる鮎沢川などの水資源に恵まれているため，標高の高さにもかかわらず棚田による稲作が盛んである。

　明治時代には，1889（明治22）年に東海道線（現，JR御殿場線）の開通とともに小山駅（現，駿河小山駅）が開設され，東京から約100キロという立地に加え交通の利便性が高まった。その結果，いくつかの企業の工場が進出しているが，中でも1896（明治29）年の富士紡績（現，富士紡ホールディングス株式会社）の創業により，産業城下町として発達した歴史を持つ。

　本プロジェクトは，静岡県駿東郡小山町の道の駅「ふじおやま」と常葉大学経営学部大久保研究室（当時）との協働で，当該施設において地域の特色を活かした新商品を開発することを目的としたものである。

　道の駅「ふじおやま」は小山町の国道246号沿線で，F1日本グランプリの開催地である富士スピードウェイ，桜の名所として有名な公園墓地である富士霊園近くに位置しており，年間約60万人が飲食や物産購入をする施設である。しかし一方で，小山町らしいオリジナル商材が不足しているという課題を抱える。そこで小山町町長戦略室は，静岡県ふじのくに大学コンソーシアムのゼミナール地域貢献事業に課題を提示した。その課題に常葉大学大久保ゼミが解決案を添えて応募し，地域の資源を活用したオリジナル商品を開発する協働事業に取り組むことになった。

　本プロジェクトでは，約10ヵ月間に2回の市場調査，3回の実験販売を通して新商品を提案し，2017（平成29）年2月の当該施設のリニューアル・オープン時に提案した新商品のイベント販売を実現させることができた。

2.2 道の駅の定義と現状

2.2.1 道の駅の定義

「道の駅」とは，建設省（現，国土交通省）が1993（平成6）年に創設した道路の休憩施設である。プロジェクトが進められた2017（平成29）年3月時点で，道の駅は全国に1,107ヵ所，静岡県内には23ヵ所運営されている。

長距離ドライブの増加や女性や高齢者のドライバーが増加する社会変化を背景として，道路利用者のための「休憩機能」，道路利用者や地域の方々のための「情報発信機能」，さらには「道の駅」をきっかけに町と町とが手を結び，活力ある地域づくりをともに行うための「地域の連携機能」の3つの機能を併せ持つ道路休憩施設として誕生[1]した。その後，災害時の復興拠点として，地域住民の避難場所，また炊き出しや支援物資の仕分けの拠点としての役割も追加されている。

また，近年では地域の魅力ある商品を販売・飲食する拠点として，テレビ番組や観光ガイドブックの特集記事などで紹介される事例も多い。消費者にとっても，道の駅は単なる休憩施設ではなく，地域資源を活用した商品と出合える魅力的な観光目的地になりつつある。

2.2.2 地域産品の販売拠点

一次産業を抱える地域では，経済の活性化を期待して「地産地消」が推進されている。「地産地消」とは農水産品やその加工品を生産された地域で消費しようとする活動で，1980年代中頃から普及した。生産地から食卓までの距離が短い食料を食べることで輸送にともなう環境への負荷を減らそうという，イギリスの環境論者が提唱した「フード・マイレージ」とも類似している。

わが国では2005（平成17）年に策定された「食料・農業・農村基本計画」において，地産地消は食料自給率を引き上げるための重点事項に位置づけられた。同年の「食育基本法」でも，食の安全，日本の伝統的な食生活の見直し，子どもたちの健全な心と身体を培うための食の教育の枠組みの中で，地産地消が給

食をはじめ外食・中食での利用なども含めて重要な要件となっている。

一方，観光で地域を訪問する旅行者にとっても，地産地消の活動は地域の食の魅力を高めるだけではなく，生産者の「顔が見える」という安心感を醸成するものとして評価されてきた。

2012（平成24）年に「地域資源を活用した農林漁業者等による新事業の創出及び地域の農林水産物の利用促進に関する法律（六次産業化法）」が制定された。

しかしながら，長らく消費者と切り離されていた農業生産者にとって，消費者に支持される商品への加工・販売という，六次産業化の取り組みは極めて困難である。その中で，農業生産者にとって身近な委託販売先である「道の駅」は，自分でつくった作物を買う消費者と直接対話ができる貴重な場である。道の駅は，生産した農作物の展示方法やパッケージ，値づけなどの工夫を重ねつつ，地産地消に貢献することができる場としても注目されている。

2.3　道の駅を拠点とした商品開発プロジェクト

2.3.1　プロジェクトの目的

本プロジェクトは，静岡県駿東郡小山町の道の駅「ふじおやま」と常葉大学経営学部大久保研究室（当時）との協働で，当該施設において地域の特色を活かした新商品を開発することを目的としたものである。

新しい製品やアイデアが生み出されるプロセスに関しては，一般的に以下のような5つの段階が想定される[2]。

まず，ブレーンストーミングなどのアイデア発想法を用いて，①新しい市場機会が発見される。それを受けて，新製品の開発チームが発足すると，②有望と思われる市場に向けて，製品（コンセプト）をデザインする。そして具体的な製品の設計が終わると，それに続いて③プロトタイプの製品がテストされる。テストの方法は，消費者テストだったり，模擬販売実験だったり，実際のテスト・マーケティングだったりする。そうした調査結果から，製品に対して

「GO」のサインが出た場合は，④市場への導入が決定される。「NO」ならば新規市場への導入は見送られる。あるいは「ON」（継続して検討）という対応をする。一連のプロセスを経て発売された商品やサービスは，実際の市場での反応や顧客の動向を見ながら不断にメンテナンスするための⑤ライフサイクル・マネジメントが行われるというプロセスである。

本プロジェクトも上記のプロセスに従い，ブレーンストーミング，市場機会の調査，模擬販売実験を経て商品開発に結びつけた。

2.3.2 プロジェクトのスケジュール

道の駅「ふじおやま」では本プロジェクトの実施時期と並行して，2017年2月上旬に全面改装をともなうリニューアル・オープンを控えていた。したがって，リニューアル・オープンのための施工（外装・内装），ポップなどの店内装飾などの工程打ち合わせのタイミングに合わせて提案する内容を組み立てる必要がある。

そのため，道の駅の担当者との定期的な情報共有を心がけた。その結果，当初予定していた新商品開発に加えて，店舗レイアウト・商品展示方法，レストランメニュー構成に至る総合的な提案が可能となった。

初回の顔合わせ時に実施したブレーンストーミング以降，各種調査の終了時，試作実験，模擬販売の前後に意見調整を行った。本プロジェクトは以下の流れで実施した。いずれも2016年度の活動である。

8月8日	ブレーンストーミング①
9月1日	市場調査①静岡県内道の駅調査（5ヵ所）
9月10日	市場調査報告および，ブレーンストーミング②
10月8・9日	市場調査②24時間定点観測調査
10月18日	ブレーンストーミング③
11月1日	新商品試作実験および，ブレーンストーミング④
11月6日	実験販売①道の駅ふじおやま12周年イベント会場

11月26日　　　実験販売②富士宮市（柚野の里まつり会場）
12月2日　　　研究発表①富士山麓アカデミック＆サイエンスフェア
12月21日　　　研究発表②道の駅ふじおやま営業会議
2月4・5日　　実験販売③道の駅ふじおやま
　　　　　　　リニューアルオープンイベント会場
2月18日　　　研究発表③ふじのくに大学コンソーシアム活動報告会
2月25日　　　研究発表④小山町町民活動発表会

　本プロジェクトは，後半に多くの研究発表の機会を得ることができた。これらの発表に際しては，調査や実験販売などプロジェクトの節目に合わせて説明資料が必要となる。それぞれの発表会用の説明資料作成は，学生自身にとって事業の進捗状況と，最終目標までに必要な分析や作業を見直す機会となった。
　また各発表会後に関係各所から適切なアドバイスを頂戴する機会ともなり，本プロジェクトの成果に貢献したと考えられる。

2.4　市場調査

　本プロジェクトでは，道の駅ふじおやまにおける商品開発に向けて，以下の2回の市場調査を実施した。

2.4.1　静岡県内における道の駅の実態調査（9月1日）
　道の駅の現状を把握するため，静岡県内の道の駅5ヵ所を選定，巡回し，実態調査を行った。

　調査対象：①道の駅宇津ノ谷峠
　　　　　　②道の駅玉露の里
　　　　　　③道の駅掛川
　　　　　　④道の駅川根温泉

⑤道の駅フォーレなかかわね茶銘館

以上の5ヵ所を9：00に出発し，各所に40分程度滞在して調査

調査内容：①来訪者への対面調査

②土産物の購買意欲調査

③ナンバープレート調査

調査の結果は以下のとおりである。

① 来訪者への対面調査

　本調査を実施するに当たり，静岡県観光コンベンション協会（当時）が作成した観光客動向調査票を利用した。

　調査項目は，①性別・年齢・居住地，②同行者，③旅行の目的，④施設の優先度，⑤施設の来訪状況，⑥施設の満足度，⑦再訪意向，⑧宿泊の有無，⑨目的地決定要因，⑩移動手段，⑪支出額の11項目である。

　道の駅宇津ノ谷峠（12サンプル），道の駅玉露の里（15サンプル），道の駅掛川（52サンプル），道の駅川根温泉（8サンプル），道の駅フォーレなかかわね茶銘館（3サンプル），調査場所不明（25サンプル）の，合計115サンプルを回収した。

　調査実施が平日であり，また調査員がバスで巡回移動して調査するという手法を取ったため，調査した時間帯が異なる。そのため各道の駅個別に分析するのではなく，合算した調査結果から静岡県の道の駅の現状の大枠を把握することに努める。

　今回の回答者プロフィールは，男性が多く（71.3％），年齢層は40代（53.6％）が最も多く，40代以降の合計が90.1％であった。居住地は静岡県中部（53.2％）と西部（38.7％）で合計91.9％を占めている。また，施設の訪問優先度に関してはメイン目的地（48.2％），サブ目的地（36.4％）で合計84.6％となっている。訪問回数は3回以上（85.8％）と高く，満足度に関しては満足した（53.0％），ほぼ満足した（39.1％）を合わせて，92.1％と極めて高い。その他，再訪意向あり（81.3％），定期的に来訪している（33.9％），自家用車利用（77.9％）な

どの回答が多いことから、これらの道の駅には定期的に買い物を目的に来訪しているという傾向がみられた。

② 土産品の購買意欲調査

当該調査は、調査員（ゼミナール学生33名）が道の駅内で販売されている商品から、土産品として購入したい商品を「渡す相手」のタイプ別に選定し、商品写真（パッケージと商品の内容がわかる表示部分）を撮影する方法で実施した。

その結果、土産として購入し「渡す相手」は、家族（33％）、自分用（26％）で約60％を占め、次いで、友人、バイト先という順位になった（図2.4.1）。

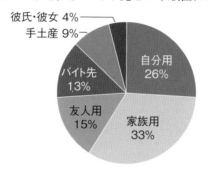

図2.4.1 渡す相手別、土産の数

③ ナンバープレート調査

当該調査は、道の駅の駐車場に停車している車のナンバーから、来訪者の発地を調査した。結果は、図2.4.2のグラフで示す。

道の駅掛川は浜松市からの来訪者が多いが、これは浜松からの利便性の高い立地からくるものと類推できる。また、道の駅宇津ノ谷峠は国道1号線の要衝に立地すること、また調査時間帯が早朝であったことから、長距離走行の営業車が多く、遠方のナンバープレートが記録されたと想定される。他4ヵ所は、静岡市内からの来訪者が多いことは、対面調査とも連動している。

以上の調査から，これらの道の駅には近郊の住民が日常的な買い物や，食事を目的として定期的に来訪していることがわかる。調査に当たったゼミ生からは，買うべきもの（人気商品，地域の名産品など）が目立つように展示してあったり，ポップなどの商品紹介に目を引かれ，つい衝動買いしてしまったとの回答もあった。

また，調査後のディスカッションでは，各道の駅では，「お茶（玉露の里）」「地元新鮮野菜（掛川）」「煎茶体験（フォーレなかかわね）」など，コンセプトが明確に打ち出されているなど，個性が明確であることが何度も行きたくなる要因ではないか，との意見もあった。

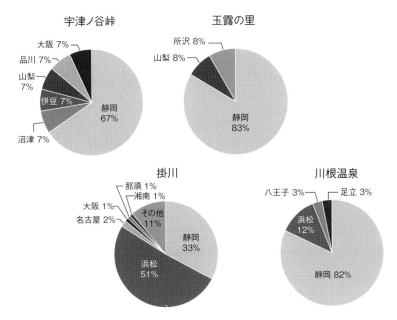

図2.4.2　道の駅各所のナンバープレート調査結果

2.4.2　「道の駅ふじおやま」における24時間定点観察（10月8・9日）

2016年9月に実施した道の駅の巡回調査の結果を踏まえ，道の駅ふじおやまの特徴を明確にすることを目的に，以下の調査を実施した。

調査対象：道の駅ふじおやまの利用者（ドライバー，観光客，常連客）
調査内容：①質問紙調査A：トラックドライバー対象，B：一般来訪者対象
　　　　　②来訪者発地（ナンバープレート）調査
　　　　　③行動観察（エスノグラフィー）調査
　　　　　④レストランメニューチェック
　　　　　⑤調理担当者インタビュー（ふじあざみ）
結果の概要は以下のとおりである。

① 質問紙調査の結果
　A：トラックドライバーを対象とした調査
　駐車場に停車中のトラック内で休憩しているドライバーの方に窓際から声をかけ，調査に協力を求めた。県外からの男性トラックドライバーが多く，ほとんどの人が道の駅を休憩場所として利用していることがわかった。
【利用現状】
- 月に1回以上利用する。（月に2，3回）
- レストランを利用する人は少ない。（営業時間と合わないため）
- 道の駅での買い物の予算は約1000円。
- トラックを止めたらカーテンを閉めて休むことが多い。
- トイレや自動販売機のみの利用。

【利用者からの要望】
- 仮眠室やコインシャワーなどの休憩に使える施設が欲しい。
- レストランは時間が合わないと利用できないため，ワンハンド（運転中でも片手で食べられるもの）や24時間営業の店が欲しい。
- 自家用車とトラックの駐車場の区別をもっとしっかりして欲しい。
- 仕事以外でも利用するため，温泉やドッグランなどの施設が欲しい。

　B：一般来訪者を対象とした調査
　道の駅の屋外エリアで，利用（買い物など）を終えた方に声をかけてアンケートへの回答を求めた。

第2章　地域資源を活用した商品開発～小山町道の駅を題材に～　35

【利用者の特徴】
- 男女比率に偏りはない（夫婦などの利用が多い）。
- 50代前後の人が多かった。
- 神奈川県からの来訪者が目立つ。

【利用現状】
- お墓参りの供花を買う人，目的地の途中で立ち寄り野菜を買う人が多かった。
- 立ち寄った際に野菜の安さ新鮮さに惹かれ，購入する人もいた。
- 野菜や食料品を買う人が多く，土産を購入する人やレストランを利用する人は少なかった。
- 定期的に水を汲みにくるとの回答も多い。

【利用者からの要望】
- 夜間も営業して欲しい。
- コンビニエンスストアのような店が欲しい。
- 屋台販売，水飲み場の増設，風呂，子供が遊べる環境が欲しい。

② ナンバープレート調査の結果

　調査当日の午前11時から道の駅の駐車場を2時間ごとに巡回し，停車中の車のナンバープレートを，自家用車と営業車（トラックなど）に分けて調査した。時間帯によって，車の台数とともに，ナンバープレートの発地の種類が異なっていた。
　週末（土・日）の調査であったため，土曜の夜11：00には一般駐車場・トラック専用駐車場ともに満車となった。一般駐車場では，車で旅行をする方も多く，宿泊場所として道の駅を利用していることがわかった。

【乗用車】
- 県外から来る車が多かった。（山梨，八王子，岡山，大阪，千葉，名古屋）
- 台数が最も多いのは富士山ナンバーであった。
- 富士山ナンバーに続き，沼津ナンバー，湘南ナンバーが多かった。

- 両日ともに，午後に比べて午前のほうが車の台数が多かった。

【トラック】
- 県外のトラックが多かった。（水戸，豊橋，高知，三重，奈良，福山）
- 21時頃は九州地方や関西地方のトラックが多かった。
- 昼間のほうがトラックの台数は多かった。
- 午前中（9：30頃）はトラックの台数が少ない。

③ 行動観察（エスノグラフィー）調査の結果

　道の駅利用者が，店内に入ってから出るまでの行動観察を行った。滞在時間や移動経路，購入品などを観察，記録した。会計などを済ませ，店外に出る際に，可能であれば声をかけ，対面調査票にも回答を依頼する。

【10月8日（土）】（13：00～18：00）
- 野菜コーナー側の入り口から入る人は，ほとんどが野菜コーナーをはじめに見に行っていた。
- 見るだけで，購入せず立ち去る人も多かった。（買い求めているものがなかった）
- 立ち寄る時間は，おおよそ10分以内であった。

【10月9日（日）】（7：00～11：00）

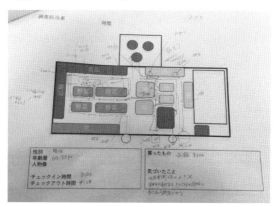

図2.4.3　エスノグラフィー調査票（例）

- 野菜，お餅などの加工食品を買う人が多かった。
- 商品を見るだけの人が多かった。
- 立ち寄る時間は，おおむね5分～10分以内であった。

④ レストランメニューのチェック

　1泊2日の調査期間中，参与観察法を用いて実施した。具体的には調査員が初日の昼・夜，1日目の朝・昼の4回にわたり，レストランの全メニューを試食し，味・ボリューム，価格とのバランス，買いやすさなどを確認した。

　当該レストランは，壁面に掲示してあるメニュー写真で商品を選択し，券売機で食券を購入する方式だが，メニューの種類が多いこと，壁面のメニュー写真と券売機のボタンの位置が連動していないことから，購入に時間がかかる。また，券売機で高額紙幣（5千円札・1万円札）が使えないことから，売店のレジで両替をする利用者も多いことが観察された。その結果，券売機に行列ができ，混雑している印象を与えていた。

　調査時の主な感想は，以下のとおり。
・ボリューム感からして妥当な価格だと思う（もつ煮込み定食）
・ご飯のお代わりが無料でできるのでいいと思った（納豆定食）
・カツが揚げたてアツアツだったのでよかった（カツうどん）
・餅や油揚げが入っていたが量は少なかった（金太郎力うどん）
・少し辛く，味が濃かった（富士山カレー）

　今回，全メニューを体験した後のディスカッションでは，メニューをターゲットに分けて，提示すると選びやすいのではないかとの意見が出た。

　1泊2日で，上記①から④までの調査を実施した。
　一般来訪者を対象としたアンケートでは，リピーター客が多く，道の駅「ふじおやま」の良いところ（品揃え，野菜など）がたくさんあることがわかった。また，利用者は野菜やお餅を買っていく人が多いものの，トラックドライバー，一般来訪者，観光客という対象ごとに購入している商品が似通っていることが

わかった。またトラックドライバーは休憩のみの利用が多かったので，車から降りて商品を購入してもらうような工夫が必要である。

　新商品に対するアイデアとして，顧客のニーズに合うこと，道の駅「ふじおやま」を連想させるものが良いなどの意見が出た。その他に，トラックドライバーの利用が多いため，トラックドライバーに特化した商品の工夫が必要である。また，野菜を購入する人が多かったため，野菜コーナーの拡大，品数の増量，置き方を考えるべきであるなどのターゲットに合わせた商品開発が必要である。また，道の駅の駐車場と道の駅の建物との間の広場が殺風景なので，広場を有効活用できるような，屋台販売を取り入れるべきである等の意見が集まった。

2.4.3　市場調査のまとめ

　静岡県内の道の駅5ヵ所の実態調査と，道の駅「ふじおやま」で実施した定点観察調査の調査結果を道の駅および小山町関係者に報告したのち，意見交換を行った。

　この段階の調査結果として，道の駅「ふじおやま」の特徴を以下のようにまとめた。

① 産業道路である国道246号線沿いに立地していることから，トラックドライバーの利用が多い。また，一般車も含めて車中泊のための利用者が多いなど，夜間の利用者が多い（駐車場が23時には満車となる）。

② 大規模な公園墓地である富士霊園から6キロという立地から，墓参に来る首都圏の顧客が多い。供花の購入を目的に道の駅を訪問し，ついで買いの需要が高い。

③ 何度も訪問している，いわゆるリピーターが77％（10月の調査）と多く，スーパーマーケットの代わりに利用する傾向がみられる。野菜とお餅が人気商品である。

　以上の特徴から，新商品開発に向けたコンセプトを以下の3点に集約した。

・トラックドライバーを対象とした商品販売方法として，駐車場から「見え

る場所」で，実演販売を行うことを提案。
・地域の特産品であり，売れ筋ナンバーワンである「峰の雪もち」を活用した新商品にする。
・女子大生が開発した商品らしさをアピールするために，「甘いもの，大好き」「楽しく食べる」を意識した商品にする。

2.5　試作実験および試験販売

2.5.1　試作実験（11月1日）

　これまでの市場調査と，道の駅関係者を交えた意見交換の結果を踏まえ，「峰の雪もち」を，その場で食べられるように焼きながら販売することを想定した。その際に餅にさまざまなトッピングを加えることで，楽しい食べ方を提案したいと考え，試作実験を実施した（図2.5.1）。

　トッピングの案は，あらかじめ想定した塩辛い食材や調味料15種類，甘い食材13種類の計28種類の食材を使用して試食を行い，販売する餅の大きさとトッピング8種類を選定した。

図2.5.1　試作実験風景

2.5.2　試作販売①　道の駅12周年感謝祭会場（11月6日）

　11月6日の道の駅12周年感謝祭の会場で，試作実験で選定した8種類のトッピングに，定番（大根おろし，磯部餅）の2種類の商品を加えた10種類の試

図2.5.2　もっちもちビュッフェ　特設テント

図2.5.3　道の駅での販売実験（ポップ）

販売を実施した。販売場所として，道の駅前広場に「もっちもちビュッフェ」と名づけた特設テントを設営した（図2.5.2）。

　餅の大きさは試作実験の際に一口で食べられる20gとした。顧客に好きなトッピングを選んでもらい，2個セットをプラスチックのケースに詰めて100円で販売した。10時の販売開始から15時までに，準備した268セット（餅536個）を完売した。

　試作販売では，合計10種類のトッピングの中から実際に商品化するものを選

第2章　地域資源を活用した商品開発～小山町道の駅を題材に～

図2.5.4　柚野さと祭り会場での販売風景

定するために「もっちもち総選挙」と題した人気投票も実施した（図2.5.3）。

その結果，1位いそべ侍（磯辺焼き），2位チョコ練乳（チョコソース＋練乳），3位きな粉姫（きな粉＋練乳），4位大根おろし餅（大根おろし＋醤油）・チーマカレー（チーズ＋カレー），6位抹茶ミルク大福（抹茶＋練乳）が上位にランキングされた。

2.5.3　試作販売②　富士宮市　柚野のさと祭り会場（11月26日）

2回目の試作販売は，富士宮市柚野地区のイベント「柚野のさと祭り」会場で行った。当該イベントにはゼミナールで毎年参加しており，主催者に「もっちもちビュッフェ」として試作販売を行うことを了解いただいた（図2.5.4）。

道の駅「ふじおやま」の試作販売で人気上位だった甘いトッピング3種類と磯部餅を，ワンハンド（片手）で食べられるように串に刺し，200円で販売した。当日の朝に小山町までつきたての餅を取りに行ったため，販売開始時間が少々遅れたものの，12時から14時までに用意した100セット（餅300個）を完売することができた。

2.6 プロジェクトの成果

2.6.1 道の駅ふじおやまへの提案（12月21日）

　これまでの市場調査，試験販売，また学内外での研究発表（アカデミック＆サイエンスフェア等）で得られたアドバイス，道の駅関係者との議論を集約し，道の駅「ふじおやま」の営業会議で，社長はじめ幹部に向けて以下の3点を提案した（図2.6.1）。

図2.6.1　営業会議での提案報告

① 地域の特性を活かした新商品の提案

　道の駅「ふじおやま」での市場調査の結果，顧客に支持されている商品は，「峰の雪もち」であること。また当該商品は「ふじおやま」では年間を通して販売されている。さらに，つきたての柔らかい状態で販売されているため，そのまま何もつけないで食べても甘みを感じるおいしさである。この餅を活かした新商品を2つのパターンで販売することを提案した。

新商品提案A：あつあつ金ちゃんの串焼き

　ワンハンド（片手）で食べられるように，大福を串に刺した商品である。大福の中身はあんこクリーム，抹茶クリーム，チョコクリームの3つとする。

　店頭で焼いている様子を見せながら販売する「ホットスタンド」で，温かい商品として販売する。また，冷凍した商品は店内の土産コーナーでも販売できる。

第2章　地域資源を活用した商品開発～小山町道の駅を題材に～　　43

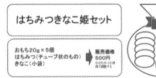

図2.6.2　新商品のイメージ

営業会議に参加した幹部には，試作品をその場で試食していただいた。

新商品提案B：もっちもちビュッフェの入門セット

試験販売時にもっちもちビュッフェで販売したように，さまざまなトッピングでお餅を楽しく食べるための商品である。20グラムのお餅10個と，レシピ付きパンフレットをセットにした商品である（図2.6.2）。

② 道の駅内のレストランメニュー構成の提案

レストランのメニューが多く，壁一面に展示されている写真から食べたいものを選択するのに時間がかかるので，メニューをターゲット別にグループ分けし，人気No.1などのポップをつけることを提案した（図2.6.3）。

また，家族・グループ客など，まとめて購入する際の利便性を上げるため，

図2.6.3　レストランメニューの分類案

食券の販売機で高額紙幣が使えるようにすることも提案事項に入れた。

③　目指せ！　特色ある「道の駅」への提案

まず，道の駅「ふじおやま」のテーマをもっと明確にすることを提案した。「金太郎のふるさと」というコンセプトがあるものの，なかなか伝わりにくい。したがって，金太郎を多用した店内の飾りつけをすることを提案した。

また，野菜などの物販コーナーに関しては，地元でよく食べられている野菜の名前や調理方法などの商品説明をつけること，よく売れるものを奥に配置して，顧客動線を変えること，商品の並べ方や説明の展示を工夫すること，もう少し店内を明るくすることなどを提案した。

また，試食コーナーを設置したり，道の駅フォーレなかかわねでの煎茶体験コーナーなど，地域の特産品を特別な形で体験できる体験アトラクションを取り入れる，などの提案を行った。

2.6.2　道の駅ふじおやまのリニューアル・オープン（2月4・5日）

図2.6.4　リニューアル・オープン後の道の駅「ふじおやま」（外観）

営業会議から1ヵ月半後の2月4日に，道の駅ふじおやまは，全面改装してのリニューアル・オープンを迎えた（図2.6.4）。オープニング・イベントの2

日間は，ゼミ生たちが提案した「あつあつ金ちゃんの串焼き」を会場内の特設コーナーで，実演販売を行った。

　お餅の中にチョコなどを包み込み大福にするという提案は，残念ながら技術的に困難であったため，草餅に餡を付けた甘い串餅と，みたらし餡をかけた串餅の2種類を販売した（図2.6.5）。

図2.6.5　あつあつ金ちゃんの串焼きコーナー

　リニューアル・オープン後の道の駅ふじおやまは，「金太郎」のキャラクターが至るところに配置され，また，野菜コーナーなどの展示が立体的になったこと，明るいポップでわかりやすく説明してある（図2.6.6）など，道の駅関係者と学生が議論を重ねたイメージがひとつひとつ具現化されており，見違えるように明るい雰囲気となっていた（図2.6.7）。

図2.6.6　リニューアル・オープン後の道の駅ふじおやま（ポップ）

図2.6.7　リニューアル・オープン後の道の駅ふじおやま（レストラン）

2.6.3　小山町からの評価

　プロジェクトの終盤，協働先の道の駅ふじおやまの駅長渡邉絵美氏より，以下のようなメッセージをいただいた。

　『今回の事業で皆さんと係わらせていただき，私はあらためて「若い」という事の強さを思いました。敢えて誤解を恐れずに言えば，それは「知らない」事の強さです。知識や経験は確かに人間を深く豊かにもしますが，同時に狡猾にも臆病にもします。一人ひとりもそうですし，組織も時間を重ねると，熟練し，安定感が増す一方で，新陳代謝が悪くなり，改革や変化を恐れがちになるからです。

　皆さんとの交流や話し合いを通じて，いわゆる「世間の垢」にまみれない，素直な視点を思い起こさせて貰えた事は，私個人にとっても，また12年を経過した道の駅にとっても何よりの収穫であったと思います。』

　一連のプロジェクトが完了した2月25日には，小山町の町民活動発表会の会場で，プロジェクトの報告をする機会を頂戴し，町長にもお褒めの言葉をいただくとともに，町長戦略室からは，次年度も大学コンソーシアムを通して，新たなプロジェクトに取り組んでほしいとの依頼を受けた。

2.7 その後の小山町

　本プロジェクトでは，短期間にいわゆるPlan→Do→Check→Actionのサイクルを高速で回転させ，市場調査から試作品，実験販売，商品開発まで到達することができた。これもひとえに活動の場を提供してくださった小山町町長戦略室の皆様，道の駅「ふじおやま」の社長，駅長をはじめとしたスタッフの皆様，また実験販売の場を提供してくださった富士宮市の柚野のさと祭り実行委員会の皆様など，本当にたくさんの皆様のご協力があって実現できた。ここに改めて深く感謝を申し上げたい。

　また学生たちは，講義や部活，学園祭などの行事の合間を縫って，企画を練り，提案書をつくり，準備をして，報告・発表を繰り返した。その間のプレゼンテーション作成や発表の成長ぶりは，目覚ましいものがあった。その結果，2016年12月2日に開催された静岡県東部地区の大学生による研究発表会「富士山麓アカデミック＆サイエンスフェア」では，社会科学部門で優秀賞を，また11月の実験販売をレポートしたケーブルネットワークテレビの番組が「第5回トコチャンアウォード」で佳作に入選するなど，思わぬ成果を上げることにつながった（図2.7.1，図2.7.2）。

　小山町との共同プロジェクトは，その後も2017年度，2018年度と継続してい

図2.7.1　第5回トコチャンアウォード表彰式（2017年7月6日）

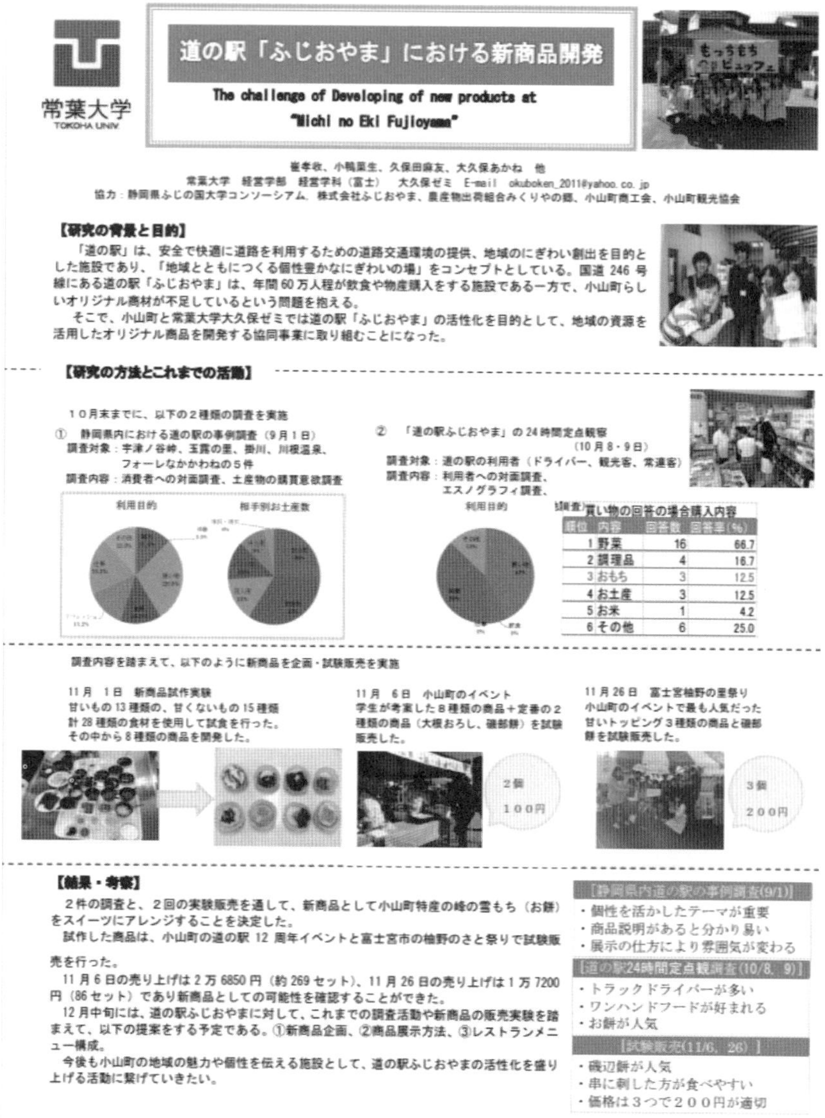

図2.7.2　アカデミック&サイエンスフェア2016のポスター

る。2017年度には，インバウンド観光客を想定した着地型モニターツアーとして，農家訪問や餅つきなどを取り入れた実験ツアーを実施した。2018年度は町のシンボルである金太郎を活かした街のPR方法を考案中である。

　社会とのかかわりの中で，学生自らが役割を見つけ，担い，実行することで，大きく成長することや，役に立つ実感を持つことができたことは，学生の諸活動においても重要な経験であると考える。大学における学生教育を社会とのかかわりの中で進める方策は，まだ手探りの段階である。今後も事例を重ねつつ，より良いスタイルを模索していきたい。

　本稿は，常葉大学富士キャンパス産学官連携研究会編（2017）『産学官連携の実践と展望—常葉大学富士キャンパスを中心とした取り組み—』「第2章　地域特性を活かした道の駅オリジナル商品の企画開発～小山町道の駅「ふじおやま」との協働～」（和泉出版）に加筆修正を加えて構成した。

▶▶注
1　国土交通省ホームページ（www.milt.go.jp/road/Michi-no-Eki/ourline.html）2017年3月30日閲覧
2　小川孔輔（2012）『マネジメント・テキスト　マーケティング入門（第5版）』日本経済新聞出版社，pp306-309

第3章

産業都市における観光振興
～静岡県富士市を題材に～

- **3.1** 富士市の概要
- **3.2** 「観光」の視点から見た産業都市
- **3.3** 富士市の産業観光資源
- **3.4** 産学連携による富士市の観光振興プロジェクト
- **3.5** プロジェクトの成果

3.1 富士市の概要

3.1.1 富士市の発達史

　静岡県富士市は人口25万人規模の県内第3位の都市である。富士山と駿河湾に挟まれ，静岡市，富士宮市，裾野市，御殿場市，沼津市，長泉町に隣接する。

　東名高速道路，新東名高速道路，国道1号線，東海道新幹線，東海道線など，日本の主要交通網が市街地を横断し，海運においても中央埠頭，吉原埠頭など5つの埠頭を持ち，重要港湾に指定されている田子の浦港を有している。

　また，富士山麓の豊富な水資源を利用して，明治初期より洋紙製造の拠点として日本の近代化を支えてきた歴史を持つ。製紙産業は現在に至るまで市の主要産業であるが，その他自動車・輸送機械関連産業，沿岸部を中心とした化学工業産業など，多種多様な産業が集積した工場地帯ともいえる。

　1970年代には，田子の浦港において製紙業排水を起因とするヘドロ汚染が進み，公害都市としてのイメージが拡散した。しかしながら，その後の環境への取り組みにより，現在では工場での排水処理のみならず煤煙にも有害物質は含まれず，クリーンな環境が実現している。

　2000年代に至るまでに産業構造は変化したが，富士市の経済は現在も第2次産業が牽引している。つまり，製紙業をはじめとした産業都市としての性格が強く，観光面の強化は必要とされてこなかった。市民にとっても「紙のまち」のイメージが強く，富士山への視界に多数の煙突がそびえている景観などを理由として，観光とは無縁とのイメージが定着している[1]。

3.1.2 富士市の観光政策

　その中で，富士市は2004（平成16）年に「富士市観光交流まちづくり計画」を策定し，観光振興を政策に取り入れた。その後，2010（平成22）年に「新富士市観光交流まちづくり計画」，2014（平成26）年に「富士市観光基本計画」を施行した。

　「新富士観光交流まちづくり計画」では，取り組むべき11の事業を，最重点

プロジェクト（1件），重点プロジェクト（4件），一般プロジェクト（6件）にそれぞれ指定して取り組みを進めてきた。

最重要プロジェクトに指定された「紙のまち文化プロジェクト」の一環で，2012（平成24）年から「富士山紙フェア」が開催された。また，重点プロジェクトに指定された「富士山百景プロジェクト」から派生した富士山百景写真コンテストや，「富士山しらす街道プロジェクト」の取り組みの中で開発されたしらす丼などはマスメディア等の注目を集めるなど，一定の成果が認められている。その反面，実現していない工場見学のメニュー化や「富士川エコツーリズムプロジェクト」など，実践面で課題が残されていた[2]。

一方で，富士市の宿泊客数は，2004（平成16）年時点の約30万人から10年間で60万1,524人まで増加し，宿泊客数の増加率は県内1位の46.1％を記録した[3]という事実も存在する。（図3.1.1）

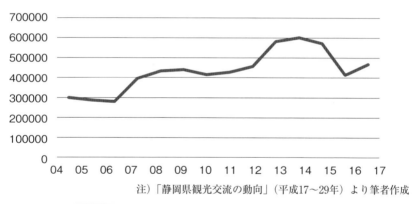

注）「静岡県観光交流の動向」（平成17～29年）より筆者作成

図3.1.1 富士市の宿泊客数推移（2004～2017年）

調査した2014年時点では60万人もの宿泊客が来訪するにもかかわらず市内外の観光認知度が低迷しているひとつの要因として，宿泊客の大半がビジネス出張客であるという事情が考えられる。富士市民のイメージの中で出張客は観光客と別のカテゴリーに分けられ，その存在が観光施策から除外されているのである。

富士市ホテル旅館業組合組合長（当時）の安藤肇氏によると，「1990年代ま

では産業主導の宿泊需要が大部分を占めていた。現在でもビジネス利用の割合は大きいが，スポーツ観光やコンベンションとの連携による宿泊需要の獲得や，インターネット予約サービスの台頭による個人単位の宿泊予約が一般的になり，顧客ニーズは多様化している[4]。」とのことである。

　富士市内の宿泊産業は，ビジネス出張客のシングルルーム需要に呼応して形成されたため，グループやファミリーの宿泊需要に対応できないことが従来は不利と考えられてきた。しかしながら，近年のスポーツ大会にともなう宿泊もシングルルームへの需要が増加するなど，多様な顧客ニーズに応じられるようになってきたのであろう。

　2013（平成25）年時点での富士市内の宿泊施設は69件（ホテル営業21件，旅館営業48件）であるが，そのうち約9割はビジネス出張客をターゲットとした「ビジネスホテル・ビジネス旅館」であった。

　富士市で受け入れているビジネス出張客は1泊，2泊程度の短期から，数ヵ月にわたる長期滞在まで含まれる。業種・職種も営業部門から技術・生産部門，設備・建設部門など多種多様な職種にわたり，富士市滞在中の生活パターンも多岐にわたる。

　しかしながら共通していることは，富士市に宿泊するのは平日（月～木）が中心であり，週末（金～日）は帰宅することである。長期出張客であっても，週末にはいったんチェックアウトをすることが多いため，富士市内のビジネスホテルは平日に客室稼働が集中し，週末は空室が多いという。つまり，週末（土）に稼働が集中する一般的な観光地の宿泊施設と集客サイクルが大きく異なっている。また，富士市内の企業の営業状況に影響を受けやすいものの，この10年間の宿泊客数の推移（図3.1.1）に見られるように，10年間で安定した上昇トレンドを維持している。

　つまり，富士市の宿泊施設は長期にわたりビジネス出張客を安定して受け入れてきたことで，ビジネス出張客に対する「経験値」を高めてきたといえよう。

3.1.3　学生視点による政策提案

　本プロジェクトは，富士市の現状を把握したうえで，ビジネス出張客を「富士市の常連客」と想定した観光振興策を学生の視点で提案したものである。2013（平成25）年9月に富士常葉大学総合経営学部観光ビジネスコース（当時[5]）大久保研究室の自主活動としてスタートし，翌年には富士商工会議所，富士市ホテル旅館協同組合，富士市工場夜景倶楽部などの諸団体・企業と連携することで活動の幅を広げることができた。

　2013（平成25）年から2015（平成27）年3月までの具体的な取り組みは以下の7点である。

2013年度　：　富士市を知るツアー「夜景を見に行こうぜ！」企画運営
2014年度　：　① 「富士ブランド」パン・スイーツのモニタリング調査
　　　　　　　② 出張ビジネス客を対象とした行動調査（質問紙）
　　　　　　　③ 「富士山紙フェア」会場での「富士ブランド」認知度調査（質問紙による対面調査）
　　　　　　　④ 四日市工場夜景・四日市市商工会議所・観光協会への視察
　　　　　　　⑤ 富士商工会議所「富士ブランド認定委員会」での企画提案
　　　　　　　⑥ ふるさと納税返礼品の企画素案提示

　2014（平成26）年度は，静岡県ふじのくに大学コンソーシアムに本企画を富士商工会議所と連名で提案し，ゼミナール地域貢献活動支援事業に採択された。

　学生の研究活動は，先進地への視察を含めたツアーの企画・運営，市内観光資源調査をはじめとする社会調査が中心であり，個々の活動は学内活動としても実施可能なものである。しかしながら，学外組織との協力関係を築いたことは，学生に一連のプロジェクトへの使命感と責任感を持たせる効果を生んだ。本稿を通して大学における学びを高める産学連携のひとつのスキームを提示したい。

3.1.4 「観光」をキーワードとした産学連携の諸形態

　2000年代に入り，国家戦略としての「観光立国」や「インバウンド推進」が進められるようになった。また，少子高齢化を前提とした交流人口の拡大や地域経済の活性化を目的として，「観光」をキーワードとした政策を取り入れる自治体が増加している。

　しかしながら，地域においても，観光産業においても，将来の担い手となる人材不足が認識され，人材育成への需要が拡大している。特に近年の社会変化の中，地域づくりやまちづくりの分野において，従来型の「観光」の枠組みにこだわらない自由な発想が求められ，大学生や高校生を含む「若者」にまちづくりのパートナーとしての期待[6]が向けられている。

　一方，大学側も学生の卒業後の進路選択およびキャリア教育の視点から，在学中から社会経験を持たせるため，インターンシップ制度など多面的に地域社会や企業との連携の手段を講じる必要が生じてきた。

　とりわけ，観光の分野では，「大学生観光まちづくりコンテスト（事務局：株式会社JTB総合研究所）」や「産学連携ツーリズムセミナー（主催：公益財団法人日本観光振興協会）」のように，フィールドワーク等を通して観光地に対する施策や観光プランを提案する機会が創出されてきた。多くの大学（ゼミナール）がこれらのコンテストへの応募を教育カリキュラムに取り入れている。

　コンテスト以外にも，観光関連産業が集積する地域では，産業側が求める「新たな視点でのアイデア」を，大学教育の範疇として調査から企画立案として実践するプロジェクト型教育が運用されている。

　とりわけ，地方都市に拠点を置く大学では，地域研究の一環で，講義や演習に外部講師として地域行政職員や地元企業経営者を招く機会がつくりやすい。さらに，その延長で学生を地域イベント会場などにボランティアや調査員として派遣する機会も増えるなど，さまざまな交流プログラムが実践可能な環境にある（図3.1.2）。

　またそれは，農業地域や工業都市という従来は観光とは無縁と考えがちな地域であっても運用できる。つまり，観光というキーワードを使うことで，地域

連携の可能性を広げる効果があると考えられる。

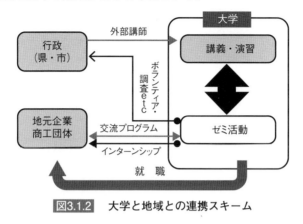

図3.1.2　大学と地域との連携スキーム

3.2 「観光」の視点から見た産業都市

3.2.1　産業を観光資源ととらえる「産業観光」

　観光資源とは，「その土地にしか存在しないもの」であり，人々の観光行動を引き出す素質を持つ素材[7]であると考えられている。したがって，一般的には風光明媚な自然環境や景観，歴史ある建築や旧跡，その土地特有の食文化や風俗が連想される。

　しかし，2000年代以降，観光のとらえ方に変化が生じつつある。従来は観光地として認識されにくかった地域においても観光を地域振興のキーワードとする施策に取り組むなど，自治体単位で多様な動きがみられるようになった。それと時期を同じくして，産業界でも観光業以外のさまざまな主体による参加型・体験型プログラムや個性的なスポットが発掘されるようになってきた。

　このような観光行動は，目的地（着地）側で企画した観光プランという意味で「着地型観光」と名づけられ，従来の旅行事業者の企画（発地側の企画＝発地型）と対比する概念として広がりをみせた。農業や漁業体験，ものづくり体験や地域の隠れた祭りに参加するなどのムーブメントである。

こうした動きの中で，製造業を中心とした工場を観光資源ととらえた産業観光も注目された。もちろん，以前から教育旅行の一環として工場見学などの形で行われていたが，多種多様な産業の生産現場を歴史・文化を包括した観光的視点で体系化することで，地域の産業そのものを観光資源として見直すことにつながった。その結果，存在していることが当たり前で，観光とは縁遠いと考えられていた地域の産業が，観光客を誘致するだけの価値を持つ資源であることに住民自身が気づくことができた。

身近で当たり前の存在である産業だからこそ住民の生活に浸透しており，それによって観光客とのコミュニケーションが促進される効果がある。そこで生じるコミュニケーションこそが，地域ならではの「もてなし」を構築する。つまり，産業観光は，人口が減りつつある地域にとっても大きな社会的効果を与える可能性を有している。

3.2.2　産業観光資源としての「工場夜景」

一般的な観光資源を持たない都市でも，従来の生業としての産業を観光的視点でとらえることで価値を高めることが可能である。つまり，それは大きな投資をともなわずに，新たな観光資源を発掘する取り組みである。その背景には，マス・ツーリズムといわれた大衆を対象とした観光の仕組みから，ターゲットを絞った小規模マーケットに確実に届けるポスト・マス・ツーリズムへの変化がある。

ポスト・マス・ツーリズムのターゲットは，量ではなく質で語られる傾向がある。つまり，特定の限られた人たちの趣味ととらえられ，従来では観光資源と認識されていなかった事柄であっても，視点を変える発想と見せ方の工夫によっては有力な観光資源と認識されるようになった。例えば，小説やドラマ，映画，アニメーション作品などの舞台やロケ地をめぐる楽しみ方は，従来は個人レベルの趣味として完結していたものであるが，近年では「聖地巡礼」と呼ばれ，メディアが主導する新たな観光行動の一形態として定着しつつある。

また，企業の生産活動のうえで最適化されてきた工場やプラント群は，本来，

効率的に製品を安定供給することを主目的として設計され，運用されているものである．しかし，その工場の設備や夜間の照明を鑑賞することを「楽しい」と考える人々が徐々に増加して，「工場鑑賞」や「工場夜景観光」と呼ばれる行動形態が顕在化しはじめた．さらに，近年，行政や地域経済団体などが公式に広報する観光行動のひとつとして積極的に活用されている．

行政が工場夜景を活用する萌芽期の事例として，2007（平成19）年に千葉県商工労働部観光課が開催した京葉工業地域の工場などをめぐる「工場鑑賞モニターツアー」や，2008（平成20）年に横浜港を起点として企画運行された工場夜景鑑賞のためのクルージングプラン「工場夜景ジャングルクルーズ」（株式会社ケーエムシーコーポレーション主催）が挙げられる．

工場夜景が一般に広く認知される契機となったのは，2011（平成23）年に開催された「第一回全国工場夜景サミット」であろう．工場夜景の活用に取り組んでいた室蘭市（北海道），川崎市（神奈川県），四日市市（三重県），北九州市（福岡県）の4市によって開催されたもので，これ以降全国の工場夜景都市の連携・交流が進んだ．このサミットを契機として工場夜景が観光資源として一般に認知されたと考えられる．

3.3 富士市の産業観光資源

3.3.1 工場夜景

富士市の工場夜景は，民間団体の富士工場夜景倶楽部と富士商工会議所青年部によって，2012（平成24）年ごろから情報発信がはじめられた．

富士市内には製紙業をはじめとする24時間稼働の工場群と，その工場間を縫うように走る岳南電車（旧岳南鉄道，2013年に分社化にともない名称変更）や，富士山を背景にした田子の浦港からの工場群が存在するが，その工場群の夜景の写真が注目された．

こうした民間団体の取り組みを受け，2015（平成27）年に施行された「富士市観光基本計画」に，市の施策として工場夜景の活用が位置づけられた．さら

に同年10月には富士商工会議所を事務局として，富士市，富士山観光交流ビューロー，富士工場夜景倶楽部らを中心とした「富士工場夜景事業推進協議会」が設立されるなど，産官一体の事業推進体制が整えられた。

さらに，2016（平成28）年4月には，日本七大工場夜景エリアのひとつに正式に認定され，同年12月には全国工場夜景サミットが富士市で開催された。

工場夜景は，産業都市としての富士市の特色を活かした観光資源の発掘と活用拡大を目指す動きのシンボルとなっている。

3.3.2　富士ブランド認定品

富士商工会議所では，2005（平成17）年から富士市で生産される素材を活用した農産物や工業製品，サービスなどを「富士ブランド」として認定する「富士ブランド認定事業」に取り組んでいる。これは，地場産業の活性化と「富士市」をブランドとして位置づけ，全国に発信することを目的とした活動である。

地域ブランド創成の動きは，2006（平成18）年に商標法を一部改正した地域団体商標登録制度を導入したもので，地域発の商品・サービスの価値としてのブランドを地域イメージに結びつけることによって生まれる相乗効果を目指したものである。富士ブランド認定品には共通のロゴマークを使用することで地域外へのブランドイメージの波及を図っている。

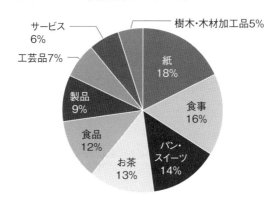

図3.3.1　富士ブランド認定品の商品構成

本プロジェクトの実施期間である2013（平成25）年度時点で，富士ブランドは128社の177品目が認定されていた．そのうちの55％が食料品関連（食品，パン・スイーツ，飲料など）の商品群であった（図3.3.1）．

これらの食品群は，一般に観光土産との親和性が高い．富士ブランドのパン・スイーツを観光客が購入する土産として活用することで，富士ブランドの観光資源化の一助となると考えた．

3.4　産学連携による富士市の観光振興プロジェクト

3.4.1　プロジェクトの契機

本プロジェクトの端緒は，2013（平成25）年9月に実施した大久保研究室2年生による自主企画「夜景を見に行こうぜ！ツアー」である．当該ツアーは新入生をターゲットに想定し，富士市の魅力を伝えることを目的として企画したものである．

富士市内の工場視察（2ヵ所）と岳南電車の車窓からの工場夜景観賞をプログラムに取り入れた，産業観光の1日ツアーとして企画した．

観光ビジネスコースのツアー実習の一環として6月から企画コンセプトの策定に取り組みはじめ，3ヵ月後の9月に実施することを目標に，参加者の募集とツアー企画を並行して進めた．

ツアー企画は，市内の観光資源を調査し，見学可能な工場の選定と見学の依頼の手続き，行程の時間調整などの実務が中心である．見学可能な工場一覧は商工会議所から入手した．また，企画と並行して，ツアーの告知ポスター・チラシの作成と配布などを行った．ツアー直前には参加者の確定とバスの運行スケジュールの作成，各ポイントで実施するガイドやレクリエーションの時間を調整し，リハーサルを経てツアーを催行した．

準備した学生スタッフ，参加学生ともに，富士市の新たな魅力を発見する機会となった．また，企業研究や社会の方々との交流につながる企画であることを実感し，富士市の産業観光の可能性を感じることができた．

```
夜景を見に行こうぜ！ツアー行程
       2013年9月20日
```

13:00　富士駅出発
　↓
13:30　株式会社　田子の月(本社工場〜青葉町本店)
　↓
15:30　株式会社　かつまた(工場〜農場)
　↓
17:00　広見公園で「市の花：薔薇」鑑賞
　↓
18:00　岳南電車の車窓より夜景見学
　↓
19:00　田子の浦港より夜景見学
　↓
19:30　富士駅解散

図3.4.1　夜景を見に行こうぜ！ツアー行程

　ツアー実施後に，翌年2月に開催される工場夜景をテーマにした富士商工会議所青年部定例会議へ学生を招待していただいた。その会議で四日市市観光コンベンションビューローの工場夜景への取り組みなど，工場夜景観光の先行事例にふれることができた。学生たちはそこから刺激を受け，次年度のゼミナール活動を「富士市の産業観光振興プロジェクト」と決めた。

　翌2014（平成26）年8月には，静岡県ふじのくに大学コンソーシアムに提出した本プロジェクトの計画が「ゼミ学生地域貢献推進事業」に採択され，富士商工会議所との産学連携事業として進めることになった。

3.4.2　プロジェクトの組織，メンバー

　本プロジェクトは，富士常葉大学総合経営学部観光ビジネスコース大久保研究室（当時）を事業主体とし，富士商工会議所および富士ブランド認定委員会との協力体制のもとで進められた。

　また，各種調査に当たり，富士市ホテル旅館業組合，富士工場夜景倶楽部，四日市商工会議所，四日市観光コンベンションビューローをはじめとした多くの組織，また有識者に協力と助言を得ることができた。

3.4.3 プロジェクトの目的と進め方

　本プロジェクトの到達目標は，学生の視点で富士市の観光の現状を把握し，また産業界の方々とともに新たな魅力を発掘し，発信するための提案を行うこととした。

　本プロジェクトに対する学生のモチベーションは，工場夜景倶楽部から招待され富士商工会議所青年部の定例会に参加したことに起因する。定例会の議論の中でも，特に四日市市観光コンベンションビューロー落合純二氏による「ビジネスマンの満足度を高める」という発言に大きな刺激を受けた。産業都市に必要な観光振興を考えるうえで，想定するターゲットの認識が転換したのである。

　富士市には，60万1,524人（2013年度：前出）もの宿泊客が存在する。そして，その宿泊客はビジネス出張客が中心である。つまり，ビジネス出張客は，「富士市にとって重要顧客である」と改めて考え直そうという発想である。これまでは，ビジネスで出張しているという理由で，宿泊客と富士市の観光と結びつけることはタブー視されているようでもあった。

　つまり，ビジネス出張客は，仕事で富士に来ているのだから「観光客」ではないと潜在的に認識し，常識化されていたのである。しかし，四日市市の先行事例は，仕事を離れてリフレッシュする時間をビジネス出張客に提供することは「決してタブーではない」，という考え方であった。

　そこで，学生たちは「富士市はビジネス出張客を『もてなす』エキスパートな街になるべきである」というコンセプトにたどり着いた。ビジネス出張客を富士市の観光客と再認識し，彼らの満足度を高めよう。それが産業都市である富士市が最優先で着手すべき観光振興策である，と考えたのである。

　また同時期に，研究室に富士商工会議所から富士ブランドのパン・スイーツ部門を活性化させたいとの依頼を頂戴した。そこで，富士ブランド商品をビジネス出張客の職場や家庭への土産として購入してもらうための方策を検討することにした。

　以上の背景をもとに，本プロジェクトでは，①富士ブランドのパン・スイー

ツ部門の認定品群の土産としての可能性の検討，②ビジネス出張客の滞在中の行動把握，③先進地事例調査などを計画し，以下のスケジュールで取り組んだ。

◇2014（平成26）年度　プロジェクトのスケジュール◇
　5月　学生による富士ブランド「パン・スイーツ部門」のモニタリング調査
　7月　富士市のホテル・旅館への留め置き法によるビジネス出張客への質問紙調査
　8月　富士商工会議所（第11期富士ブランド認定委員会）にてインターンシップ学生として参加
　10月　富士山紙フェア（富士商工会議所など主催）にて富士ブランドの認知度調査（対面調査）の実施
　11月　富士山麓アカデミック＆サイエンスフェアにてポスターセッション参加
　　　　富士宮市芝川町「柚野のさと祭り」にて，活動紹介とポスター展示
　12月　有限会社富士ビジネスとの商品開発会議
　1月　四日市市へ視察（四日市商工会議所・四日市観光協会との意見交換）
　2月　研究発表
　　　　①観光情報学会　静岡研究会
　　　　②ふじのくに大学コンソーシアム
　3月　富士商工会議所　富士ブランド認定委員会での報告

3.4.4　調査の概要と調査結果のまとめ

　本プロジェクトを通して2014（平成26）年度中に実施した研究活動の中から，①富士ブランドのパン・スイーツ部門の認定品群の土産としての可能性の検討，②ビジネス出張客の滞在中の行動把握，③先進地事例調査の概要および調査結果を抜粋して整理する。

① 富士ブランド「パン・スイーツ部門」の土産としての可能性の検討

本調査は富士ブランドの認定品を出張ビジネス客が購入する「土産」，もしくは富士市民が市外を訪問する際に選択する「手上産」となりうるか否かを探るための調査である。

富士ブランド認定品群の「パン・スイーツ部門」の各商品を，学生による商品イメージ把握（モニタリング調査）と，市内でのイベント会場における富士ブランド認定品群の認知度調査の2つの視点から調査，分析した。

〈調査①　富士ブランド認定品の商品調査（5月）〉

　目的：富士ブランドの買いやすさ，パッケージ，味などの総合イメージを把握すること

　方法：富士ブランド認定品を，商店街マップと富士ブランドパンフレットを資料に「探して買う」「食べ比べる」ことを目的とした調査を実施した。参加する学生には，「まち歩きイベント」であると伝え，楽しく参加できるような仕掛けを考えた。

　　イベントに参加した学生が調査員となり，指定された富士ブランド認定品を商店街で探して購入し，評価をする。

　　評価項目は，①食べやすさ，②見た目，③味，④量，⑤満足感，⑥価格設定（単価），⑦価格設定（販売単位），⑧広告，⑨展示方法，⑩パッケージ，⑪販売店の位置，⑫買いやすさの12項目である。評価表にチェックを入れながら試食し，土産として適切か，また土産になりうるかどうかという点に関してディスカッションを行った。

　調査の結果：12の評価項目をレーダーチャートに集約し，商品ごとの特徴の視覚化を試みた。

　　事例に挙げた「ようかんパン」は，富士製パン株式会社の商品で，アンパンに羊羹をコーティングし，真ん中にバニラクリームを載せたものである。昭和35年から販売されており，富士市および近郊の市民にとっては愛着のあるパンである。今回の調査では，②見た目，⑤満足感，⑧広告，⑩

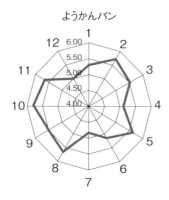
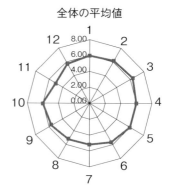

図3.4.2　調査結果（ようかんパン）　　図3.4.3　調査結果（全体平均値）

　パッケージの評価が高く評価されている。
　このように，富士ブランドの商品を商店街で探して購入し，試食して評価した。ただし，あくまで被検者である大学生の評価であるため，客観性に欠ける点があることを注記しておく。

結果の考察：ディスカッションでは，今回評価対象となった富士ブランド認定品のパン・スイーツは，「家で食べる」「友達や知り合いと食べる」などの用途には適した「富士市民に愛されるお菓子」であるとの評価であった。生菓子などの賞味期限が限られた商品であったり，パッケージがカジュアルである，などがその理由である。
　一部企業の商品を除き，土産物（手土産）として持参できる商品が限られており，「富士市民以外にはアピールしにくい」との意見が多く聞かれた。

〈調査②　イベント会場における富士ブランド認知度調査（10月）〉
　目的：富士市民の富士ブランド認定品に関する認知度調査を実施し，出張土産としての可能性を探る。
　方法：富士山紙フェア会場において，イベント参加者に対して質問紙を併用

第 3 章　産業都市における観光振興～静岡県富士市を題材に～　67

注）筆者撮影

図3.4.4　イベント会場での調査風景

した対面調査を実施。会場内の富士ブランド商品展示ブース（運営：有限会社富士ビジネス）前のスペースを使い，学生調査員10名で実施した。調査票は195件回収した。

調査の結果：約 6 割の回答者が富士ブランドの存在を認知しており，富士ブランドを知ったきっかけは商品を販売している店舗（3 割），また新聞や広告で存在を知った（3 割）という回答であった。

　並行して，富士ブランド商品の写真を提示して，知っている商品，好きな商品，手土産として持っていく商品を指刺しで示してもらう調査を実施した。その結果，好きな商品のランキング上位 5 位以内の 3 件が株式会社田子の月の商品であった。また，手土産として持っていく商品も同社の商品であるとの回答が圧倒的多数であった。

結果の考察：「富士ブランド」の取り組みの認知度は 6 割と，ある程度認知されていることがわかった。しかし，個別商品に対しては，富士ブランド認定品であると認知されている商品には偏りがあることも明らかになった。つまり，商品は知っているが，それが富士ブランドであるかどうかがわかりにくい，ということであろう。また，賞味期限が短いものが多いことが土産として持参するのには適さないとの認識があること。商品に対する愛着はあるが，かしこまった土産として持参する商品としては選ばないこと。土産物にするのであれば，箱や包装から田子の月を選ぶという回答が

多かった。

　昔から知っている愛着のある商品（パン・スイーツ）が富士ブランドに認定されるだけでは土産物として利用されておらず，地域外へのPRにはつながらない。富士市民の商品への愛着を商品の価値に変換する工夫が必要であろう。

② ビジネス出張客の滞在中の行動把握

〈調査③　ビジネス出張客の富士市内での行動調査（7月）〉

　目的：富士市にビジネス出張などで来訪したビジネス客に対して，滞在中の消費行動（食事や土産購入など），富士市のイメージなどを把握し，富士市における滞在の満足度向上のヒントや富士市への再訪のきっかけを探ることを目的にした。

　方法：質問紙による調査（留め置き法）

　協力者：ホテル・旅館組合加盟館24件

　配布数：1,000枚（回収枚数　192枚）

　調査の結果：ビジネス出張客を対象として想定したが，調査時期が夏休みであったことから，回答にスポーツなどの合宿で利用した学生（高校生）が含まれていた。

　第一の特徴は，ビジネス出張客の訪問回数の多さである。約6割が3回目以上，さらに約3割は10回以上富士市に来訪している。また滞在日数も5割以上が3泊以上と回答しており，富士市での滞在時間が長い出張客が極めて多いことが明らかとなった（図3.4.5）。

図3.4.6に示した富士市に対するイメージの第3位となっている「なじみがある」との回答も，滞在時間の長さやリピート率が関係していると類推できる。その反面，行きつけの飲食店に対する回答率が低かった。訪問回数や滞在泊数の多さを考えると，富士市内でのビジネスチャンスを逃しているとも考えられる。

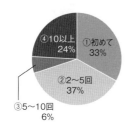
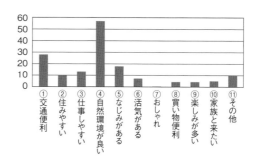

図3.4.5　富士市への訪問回数　　　図3.4.6　富士市のイメージ

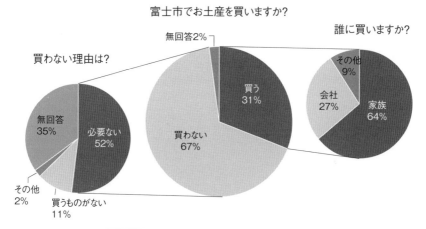

図3.4.7　ビジネスユーザーの土産購入意識

　また，土産品の購入に関する回答（図3.4.6）には，男女で大きな差が見られた。男性で土産を購入するのはわずか2割で，全体の8割が「必要を感じない」との回答であったのに対して，調査回答者のうちの約3割を占めた女性のうち，その7割は土産品を購入すると回答していた。

　このことから，まずは女性ビジネスユーザーを対象として，富士ブランド土産品として開発することがひとつの方向性として考えられる。

③ 先進地事例調査の概要および調査結果

〈調査④　先進地視察　四日市商工会議所・四日市観光協会との意見交換（1月）〉

目的：富士市と類似点の多い産業都市であること，工場夜景の先進地であることなどから，三重県四日市市を先進地視察の場所に選定した。

富士市との共通点は，①第2次産業比率が高い，②重要港湾（四日市の場合は国際拠点港湾）を持つ，③四日市ブランドの存在が挙げられる。また過去に公害問題が発生し，それを克服した経験があることも重要な共通点である。

また，工場夜景振興という視点では，全国工場夜景サミットの当初からの加盟地区であり，広大な石油プラント群を海上・陸上・上空から楽しめるようなプランづくりなど，先進的な事例としてふさわしいと考えた。

方法：1泊2日の行程で，工場見学，意見交換，工場夜景視察を実施。

調査の結果：工場夜景の振興に関しては，ポートタワーという眺望点があること，石油プラントならではの煙突からの炎（フレア），集密した工場群の広さなど，立地条件が圧倒的に異なっていたことがわかった。

しかしながら，それ以上に，工場夜景クルーズなどの海から眺める定期航路の開発など，行政との取り組みが極めて深く圧倒的な実行力がある点など，富士市が学ぶべき多くのことが明らかになった。

調査の考察：工場夜景を主目的とした視察であり，圧倒的な規模のプラント群の夜景に感動したが，その背景に広がる理念に学ぶべきものがあった。

とりわけ，過去の公害のイメージを改善するという目的を掲げている点には意外性があった。工場夜景をきっかけに，現在取り組んでいる環境改善に関する活動にも理解を深めてもらいたいという発言があり，夜景観光の振興を近視眼的にとらえない姿勢がわかり，感銘を受けた。

また，四日市ブランド事業に関しても，積極的に市街のさまざまなイベントにも出展していたり，ビジネス出張客に向けて「四日市とんてきマップ」を四日市観光協会で配布するなど，参考にするべき点が多い。

事前に調べた項目以外にも，製茶産業が盛んであることなど，富士市との意外な共通点が多く，活発な意見交換を通して今後も連携を取るべきことを再確認できた。

以上の3つの調査と1回の先進地視察から「ビジネス出張客をターゲットとした富士市の産業観光施策」に関する提案を作成した。

3.4.5 富士市の産業観光への提言

本プロジェクトでの調査を通して明らかになったことは，富士市の宿泊客に占めるビジネス出張客比率が高いこと，その1回当たり滞在日数も多く，また何度も訪問しているという事実である。

その現状を正確に把握したうえで，ビジネス出張客を常連客と想定し，彼らの満足度を上げることで，富士市の特徴を活かした観光振興策としたい。

本プロジェクトでは，以下の2つの方向性から提案を行った。

① 富士市での出張滞在中の「楽しみ」をつくる
② 富士市の良いものを出張土産にしてもらう

まず，この2つの施策で富士への出張を楽しいものと印象づけ，富士市内での消費を増やし，仕事を離れても富士市に愛着を感じ，家族や恋人と来たいと思うようになって欲しい。それは，富士市で学ぶゼミ生たちの要望でもある。

富士市の観光資源は，富士山と好況な地場産業，24時間活動している町を象徴する工場夜景，さらに豊かな自然環境，おいしい水，充実した居酒屋＆焼肉屋などのおいしい店である。これを重要顧客であるビジネス出張客の視点で組み立て直すプランとして，以下の3つを考えた。

① 美味しい夕食と工場夜景のエンターテイメントで重要顧客の滞在中の満足度をあげる
② 思わず買いたくなる土産を開発，ビジネス出張客を媒介にした富士市のPRをする
③ 仕事以外でも家族を連れて来たくなるような自慢の「ネタ」を教えファ

ンにする

具体的な施策として，以下の3つを提示した。
〈提案① 居酒屋バスの運行〉
　市内のホテル・旅館と居酒屋・焼肉屋を定期的に循環するバスを運行させ，出張ビジネス客が，ひとりでもおいしい食事を楽しめるシステムをつくる。
　目的：市内交通網が乏しい富士市での移動手段を確保して，夕食需要を喚起する。
　効果：出張ビジネス客の夕食プランを豊かにする。
　　　　　新たな出会い（食・人・景色）も期待できる。
　協力体制：送迎バスを持つ飲食店，着地型ツアーを催行する旅行会社

〈提案② 工場夜景を商品化する〉
　富士山を背景にした工場夜景と，工場の中を通る岳南電車から見る景観をかけ合わせたツアーを企画する。大都市圏からは1泊が必要な距離なので，前夜に夜景を眺めた田子の浦港で，翌朝は採れたてシラス丼を食べるというエンターテイメントとグルメをセットで商品化する。
　目的：ビジネス客に仕事以外のエンターテイメントを提供できる。
　効果：富士市の新たな魅力にふれ，誰かに話したくなり，口コミでのPRが期待できる。
　協力体制：富士工場夜景倶楽部，商工会議所青年部，旅行会社

〈提案③ ストーリーのある土産開発〉
　静岡の土産といえば「うなぎパイ」とのイメージが確立しているが，富士市に来訪したら，富士ブランド認定品も土産として持ち帰ってほしい。例えば，市民に愛され度ランキングなどストーリー性のある商品PRを構成したり，市民が勧める商品を組み合わせて，新パッケージ商品を作成することを提案した。
　目的：富士ブランド認定品の新しい販売方法を開拓し，商品を通して富士市

の情報を，自宅や会社に持ち帰ってもらう。
 効果：富士市の情報が会社や自宅に土産として届く。また市内での消費が期待できる。
 協力体制：富士商工会議所富士ブランド認定委員会

　本プロジェクトの活動報告と提言は，2015年3月に富士商工会議所富士ブランド認定委員会の会場で委員を対象にプレゼンテーションし，評価を受けた。
　実現性の点で，居酒屋バスを運行するためには，旅行業務取扱管理者などのツアー催行の資格や手続きなど，旅行業法や道路交通法などの条件をクリアすることが前提となり，採算性の問題が生じて不可能ではないか，との厳しい指摘がなされた。
　一方で，出張土産に関しては，女性委員から具体的な体験談から有効な提案を受けることができた。店舗でのポップで対応する手法など，大変参考になった。
　2014（平成26）年度でいったん本プロジェクトは終了した。提言までで実行に移さず終了するのは残念ではあるが，地域の企業や商工会議所などの組織との連携によって学ぶことが多く，学生側にとって産学連携での意義は極めて大きいことを痛感した。産学連携体制を受け入れた企業・組織の側にも，学生との連携で得るものがあったのであれば幸いである。

3.5　プロジェクトの成果

　2014（平成26）年度の学生の活動が完了した後，富士商工会議所から新たな依頼を受けることになった。ふるさと納税特典を目的とした富士ブランドの詰め合わせ企画への提案である。
　ふるさと納税特典の商品選定を受託している有限会社富士ビジネスとの企画会議を開き，富士ブランドの商品群から防災・食品・紙製品の3つのテーマに絞ることが決まった。いったん持ち帰り，次回の会議までに学生側で商品構成

を検討して提案することとなった。
　２回の会議を通して，簡易トイレやウェットタオルを含む『防災いざという時セット』など３種類の企画商品を提案した。

　2013（平成25）年度の地域学習からはじまった３年間の活動によって，多くの人とつながりを持つことができた。
　第一の成果は，地元を愛し，地域で行動を起こしている多くの人々と一緒に考える機会をつくることができたことであろう。熱心に活動する大人たちから，学生たちは「自分たちも行動することで地元に貢献をしたい」という気持ちが強くなっていった。
　このように本プロジェクトを通して，学生が多様な人々と交流し，ともに考え，活動していく一連の仕組みができた。それこそが学生たちが実践するべき地域貢献の形であり，このことに気づくことができたことが何よりも学生たちの成長につながっている。
　延べ３年間にわたる本プロジェクトには，本文中に登場した連携先，視察先をはじめ学内外の多くの皆様，特に富士商工会議所，同青年部，富士青年会議所およびそのOBの皆様に多大なる支援をいただきました。当該学生たちは，このプロジェクトを通して学んだことを論文にまとめ卒業しました。ここに改めて感謝申し上げます。

　本稿は，常葉大学富士キャンパス産学官連携研究会編（2017）『産学官連携―その実践と拡大に向けて』「第２章　産業都市における観光振興〜富士市を題材に〜」（和泉出版）に加筆修正し再編した。

▶▶注
1　富士市（2010）『新富士観光交流まちづくり計画』p.7，他
2　富士市（2015）『富士市観光基本計画』p.10，他
3　富士ニュース平成26年３月25日

http://www.fuji-news.net/data/report/economy/201403/0000003181.html
4　2016年6月25日に鈴木大介氏（ゼミナール卒業生，現在富士山まちづくり株式会社）が取材。
5　大学組織改編により改称。現在は常葉大学経営学部である。
6　白戸洋（2009）『まちが変わる　若者が育ち，人が元気になる　松本大学がかかわった松本のまちづくり』他，松本大学出版会
7　『観光学基礎』JTB出版，p.124

第4章

地域ブランドと観光土産品
～高速道路SAでの調査を題材に～

- 4.1 日本の土産の特徴と現状
- 4.2 観光土産の市場規模
- 4.3 「地域ブランド」による土産物の開発
- 4.4 「六次産業化」による地域資源の活用
- 4.5 「土産品」購入場所としての高速道路サービスエリア
- 4.6 新東名SA/PAにおける土産品購買状況調査
- 4.7 地域ブランドと観光土産品の展望

4.1 日本の土産の特徴と現状

　日本の観光土産品の原点は，旅立つ際に人から受ける餞別のお礼として贈る慣習に起因している。前田（2005）が指摘するように，日本では観光土産は他人への贈答品として購入されることが前提であり，一般的に海外のスーベニア（記念品）とは大きく異なっている。海外の土産品に関する研究は，旅行中の買い物行動の一部としてとらえており，その視点の差が土産に関する海外での研究を参考にし難くする要因のひとつ[1]となっている。

　また，土産には旅先で購入した産品としての「真正性」が求められてきたが，鈴木（2014a）はそれに加えて「ギフト性」と「儀礼的倒錯性」の論点が必要であると指摘している[2]。

　現実には，観光地では菓子食品類・民族工芸品類ともに，その地域内で生産されていない商品が観光土産として数多く販売され，観光客に購入されている。「真正性」を欠いたこれらの商品は，これまでも好ましからざる「煙突もの（レールもの）」として批判的に論じられてきた[3]。ここでいう「煙突もの」とは工場で生産された商品を指す。つまり，工場で大量生産された中身（例えば，クッキーやビスケットなど）を観光地の土産品販売業者が安価で仕入れ，地域性を匂わすパッケージで販売する仕組みである。観光地の土産物販売業者にとっては，「煙突もの」は利益率の高い商品となる。

　羽田（2008）が指摘するように，土産品の生産と流通システムの特徴が「煙突もの」を普及させた[4]と考えられる。販売拠点が地方に分散しているため，たとえ中身が同じ商品であっても観光客にはわからない。その結果，複数の観光地で同一商品が異なったパッケージで販売されることになる。

　このように，真正性を欠いてしまった観光土産に関して，鈴木（2014b）は「観光客が購入するお土産に求めるのは，真正性のみならずギフトとしての適性や観光という非日常の空間を反映した神聖性や遊び性の痕跡，すなわち儀礼的倒錯性である[5]」としている。つまり観光地で購入する「楽しさ」で真正性はある程度補完されていると解釈できる。

また，前田（2005）は，ギフトとして購入される観光土産を特徴づける要素のひとつとして「無難であること」が重視されている[6]と指摘する。旅先で購入される観光土産は贈る対象となる相手との関係や状況によって適切さが判断されるが，判断がつきかねる場合には，ありふれた「無難な」商品であることが重視されるという指摘である。前田のいう「無難さ」と同様の視点で，橋本（2011）は観光地を通過するだけの現代の観光者には「手ごろな値段でそれなりに地域らしさが表現されていること[7]」を重視する心理があると指摘する。

　旅先で購入する土産品に対する研究は，以上のように複数の視点から進められている一方で，「土産」と表現される別の贈答品に関しての研究も必要であろう。それは，「手土産」や「おもたせ」とも語られる土産品である。これは，消費者が居住地域で訪問先のために購入する贈答品を指す。

　例えば，茶の湯の席での手土産（「おもたせ」ともいう）に関して，客人が主人への贈答品として持参した和菓子などを披露する場をつくることは，もてなしの席で「主客の入れ替わり[8]」を演出する重要な演出であるとも説明される。一般的に手土産はコミュニケーションの媒介として用いられることを前提とした贈答である。本稿で扱う土産品を観光土産に加え，手土産のように発地側で購入する土産も研究対象に含むこととする。

4.2　観光土産の市場規模

　観光庁の「旅行・観光産業の経済効果に関する調査研究（2014）[9]」によると，国内観光消費の旅行中支出に占める「土産代，買い物代」は約16％と試算されている。

　観光行動を人と物と情報の移動ととらえるとき，特に日本人にとって土産品購入は物と情報と密接に結びついていると表現できる。単なる物ではなく，行った場所や旅の情報とともに手渡されるのが土産である。そのため，文化人類学や観光文化論の研究者を中心に土産品に関する諸研究が深められてきた[10]。また，2000年代に入り，国内の観光土産研究は土産と地域振興を関連づける傾

向がみられる[11]。しかしその一方で，観光地で販売されている土産品の中には前述した「煙突もの」のように他地区で生産されたものが多い。つまり，土産品には生産地と販売地が地理的にかい離しているという現実がある。

　本稿では土産品を，観光の経験などストーリーを含めて手渡す贈答品ととらえ，以下の２つの視点でその役割を明らかにすることを目的とする。

　ひとつ目は，地域振興を目的として開発される地域産品に対する施策や社会の変化を整理する視点である。また，そのような施策や社会的背景を受け，土産品を媒介とした地域間交流をさらに促進させるため，高速道路サービスエリアおよびパーキングエリア（以下，SA/PA）を販売拠点とした際の土産品に対する課題を提示することである。長距離の移動の途中で立ち寄るSA/PAは，往路では手土産，復路では観光土産の購買拠点と想定されることが，その理由である。

　ふたつ目の視点では，SA/PAでの調査を行い，消費者の需要を探ることとする。調査対象としたのは，静岡県内高速道路のSA/PAの内５ヵ所である。2012（平成24）年４月14日に新東名高速道路が御殿場から三ヶ日間の約162kmで開通した。その結果，既存の東名高速道路と並走する高速道路上のSA/PAが同一県内という条件で比較可能となった。このことから，今回の調査対象として静岡県内の２つの高速道路からSA/PAを選定した。

　また，新東名高速道路の開通以前から静岡県では「内陸フロンティア構想」が進められていた。この構想は東日本大震災を経て防災や内陸移転などとも合わせて喫緊の課題として推進されている。その４つの基本目標のひとつは「地域資源を活用した新しい産業の創出・集積」であり，今後は高速道路およびSA/PAを取り巻く環境が急速に変化することが予想される。本研究は，その経過を観察するための第一歩としたい。

4.3 「地域ブランド」による土産物の開発

4.3.1 「地域ブランド」の定義

「地域ブランド」という言葉は，地域イメージの総体として使われる一方で，特産品や観光地など実体のあるものを指す場合もある。その概念は一般的に広く，いまだ学術的な定義が確立しないため，曖昧に使われる傾向にある。

その中で，青木（2004）[12]は，一般企業の企業ブランドと製品ブランドとの関係の対比をもとに，図4.3.1のような地域ブランド構築の基本構図を提示した。青木は地域ブランドを特産品や観光地といった「地域資源ブランド」と，傘ブランドとしての「地域全体のブランド」とに分けてとらえ，相互に強め合う関係を構築することの重要性を説いている。また，「地域資源ブランド」を「送り出すブランド」と「招き入れるブランド」の2つに大別し，両社が有機的に連関することでヒト・モノ・カネ・情報が活発に行き来する応対が望ましいとした。

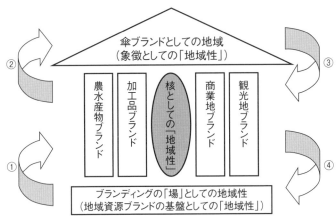

① 「地域性」を生かした地域資源のブランド化
② 地域資源ブランドによる地域全体のブランド化
③ 地域ブランドによる地域資源ブランドの底上げ
④ 地域資源ブランドによる地域（経済）の活性化

出典：青木幸弘（2004）p16

図4.3.1　地域ブランド構築の基本構図

また，近年では「地域ブランド」という言葉が地域経済活性化のキーワードとして扱われることも多い。これは2006年に商標法が一部改正され，地域団体商標登録制度が導入されて以来，顕著になったとみられる。

　その背景には，さまざまな省庁で実践された政策的な取り組みが存在する。商標法改正の直後に中小企業庁から商工会への委託事業として行われた新たなブランド育成の「JAPANブランド事業」，2007年6月に施行された「中小企業による地域産業資源を活用した事業活動の促進に関する法律（中小企業地域資源活用促進法）」など中小企業振興策としての「地域ブランド認定事業」など，地域ブランド等の育成を図る政策が相次いで導入された。

　特に「地域ブランド認定事業」は，地域において特徴的である農林水産物，鉱工業品およびその生産技術，観光資源を地域資源として認定し，中小企業が地域資源を活用した事業計画を立案し，審査・認定ののち各種支援を行うものであり，各地方自治体・商工会議所でもさまざまな支援が提案されている。

　これらの支援を受けて開発された地域の産業や特色を生かした商品は，土産品として購入されることを前提として販売企画を立てることも多い。

4.3.2　地域ブランド創設に対する省庁の支援

　産業構造審議会知的財産政策部会の「地域ブランドの商標法における保護の在り方について」（2005（平成17）年）の中で，地域ブランドは「地域の事業者が協力して，事業者間で統一したブランドを用いて，当該地域と何らかの（自然的，歴史的，風土的，文化的，社会的等）関連性を有する特定の商品の生産又は役務の提供を行う取組み」と説明されている。

　地域ブランドを支援するため，各省庁でも分野ごとにさまざまな施策が行われている。例えば，農林水産省の「農林水産物の輸出促進と産地ブランド化」，経済産業省の「中小企業地域資源活用プログラム」，国土交通省の「観光地域ブランド確立支援」などがある。

　2006（平成18）年からスタートした「地域団体商標登録制度」もそのひとつで，「地域名＋商品名」で商標登録ができるようになった。

それ以前は，地域名と商品名からなる商標は，商標としての識別力を有しないうえ，特定の者の独占になる可能性があるとの理由により，図形と組み合わされた場合や全国的な知名度を獲得した場合（西陣織り，夕張メロンなど）を除き，商標登録を受けることはできなかった。

　2006（平成18）年4月1日に施行された「商標法の一部を改正する法律」によって，地域団体商標制度がスタートし，地域の事業協同組合や農業協同組合などが「地名」を冠した「地域ブランド」を使用して，その地域である程度有名になった場合には，「地域団体商標」として「商標登録」することが可能になったのである。

　さらに，2014（平成26）年8月には登録主体の拡充が行われ，これまで特定の団体に限られていたところを，商工会，NPOなども出願できるようになった。特許庁のデータ[13]によれば，地域ブランドの商標登録数は2014（平成26）年12月22日時点で577件[14]である。

　このように，地域団体商標の登録数が急増した中で，その適正な運用は困難で順調に進んでいない事例も増えているようだ。農林水産省から発行された冊子「地域ブランドを作るために」（2008（平成20）年）では，地域団体商標の運用が成功しない要因として以下のような課題が指摘されている。

　まず指摘されているのが，地域団体商標を取得することが目的化しており，その後の管理体制が不十分になっているケースである。認証のための「マーク」を付与するだけで事足れりとしていたり，名称の使用範囲をめぐる調整が難航して認証に時間がかかるなどの課題も有する。また，認証した商品の品質と生産量が安定しないために，販売ルートが確保できなかったり，そもそも認定品をどのように販売するかまで検討されていないケースがある。品質に関しても認定者と消費者の評価との間にかい離が生じているケースや，品質が安定せず「地域ブランド」そのものに対する信頼を揺るがす事態も引き起こされているというものだ。

　そして同書によると，これらの課題を解決し地域活性や競争力強化のための「農林水産物・食品の地域ブランドの目指すべき姿」の要件として以下の4点

が示唆されている。
① 「もの」の価値の確立
② 地域との関連性，地域の人々の愛着
③ 売り方の工夫
④ 消費者の信頼を裏切らないブランド管理

4.3.3　静岡県内の地域ブランド取得と運用の傾向

　都道府県や市町村などの自治体や商工会議所，商工会，商店街などが認定している「地域ブランド」は，俗に「ご当地ブランド」と表現されることも多い。ブランド総合研究所によると，それらの「ご当地ブランド」で提示される認定の条件の共通点として，以下の３つ条件が当てはまるケースが多いとされる。
① 地域産の材料を使用している
② 地域の事業者が製造している
③ 地域に根づいた商品である

これらの条件で認定を受けた後に「認定証」が発行される。また，認定品の特典として，各種パンフレットやイベントなどで紹介される。

　しかしながら，「ご当地ブランド」に認定されても，それが売上に結びついていないケースも多い。ブランド総合研究所は，認定側の「認定事業をより広く周知させたい」という思いによって認定品目を増加させていることがマイナスに影響していると指摘している。認定品目の増加が，相対的に認定基準のレベルを低下させるという悪循環が生じているのである。

　消費者が魅力を感じるのは，ご当地ブランドに認定された事実よりもご当地ブランド制度によって厳選され，保証された品質である。認定品目が増え，その基準が甘くなれば，ブランド認定の保証する品質も低下する。いきおい，ブランド認定されている事実だけでは，消費者の購買意欲を引き出すことができなくなるという事業の矛盾が生じているとの分析である[15]。

　静岡県内でも，浜松商工会議所の「やらまいか浜松」，熱海商工会議所「A＋（エープラス）」，三島商工会議所「みしまブランド」，沼津商工会議所「沼

津ブランド」などの都市で地域ブランド認証制度が広がりつつある。

4.4 「六次産業化」による地域資源の活用

4.4.1 農産品をとりまく生産者と消費者との関係

　現在の日本の生鮮食料品の流通システムは，1923（大正12）年に制定された中央卸売市場法が基礎となっている。一地区一市場一業者を原則とすること，卸売人の独占的行動を規制すること，産地では，①品種改良と品質向上，②大量出荷と規格統一，③出荷期間を通した連続計画出荷方法を確立したことで，出荷団体による組織化が進んだ[16]。

　農業従事者を「作物づくり」に専念させるためにつくられたこのシステムは，結果的に長きにわたって「つくる側」と「消費する側」とを分断してきた。

　2012（平成24）年に法制化された「地域資源を活用した農林漁業者等による新事業の創出及び地域の農林水産物の利用促進に関する法律（六次産業化法）」は，農水産漁業者に焦点を当てた法律であり，地域の経済活性化につながることが期待されている。しかしながら，長らく消費者と切り離されていた農家にとって，六次産業化の取り組みはハードルが高く，消費者に支持される商品づくりやマーケティングを行うためには，第2・3次産業との連携が不可欠であろう。

　近年ではIT技術や宅配システムが発達したことにより，中央卸売市場を経由しない「農産物直売所」が増加し，その販売額は生鮮食料品の総取扱高の1割に迫るとの統計もある。

　尾高（2011）によれば，年間売上高5億円以上の大規模直売所では，60.9％がイベントや生産者と消費者の交流・体験活動を実施しているとの報告がある[17]。

　これらのイベントは観光事業者と協働することで，地域性を感じる体験プランという新たな観光商品として消費者に提示できる。地域の産業従事者にとっては，観光事業者による市場の拡大が期待できる一方で，観光事業者（宿泊業

や飲食サービス業）にとっては生産者によって地域の食を提供できるというように，協働によるメリットは双方ともに大きい。六次産業化の取り組みは地域への誘客効果，経済波及効果の高い魅力的な事業に発展する可能性を持っている。

4.4.2　地域産品の販売拠点としての「道の駅」

　六次産業化の取り組みと並行して，「地産地消」という表現も一般化しつつある。地産地消は，農水産品やその加工品を生産された地域で消費しようとする活動を表わす言葉として1980年代中ごろから用いられてきた。イギリスの環境論者が提唱した，生産地から食卓までの距離が短い食料を食べた方が輸送にともなう環境への負荷が少ないというフード・マイレージとの共通点も有するが，地産地消が本格的に注目されたのは，2005（平成17）年に策定された「食料・農業・農村基本計画」以降である。

　この基本計画で政府は，日本の食料自給率を引き上げるために地産地消を重点事項とした。同年の「食育基本法」でも食の安全，日本の伝統的な食生活の見直し，子どもたちの健全な心と身体を培うための食の教育の枠組みの中で，地産地消が給食をはじめ，外食・中食での利用なども含めて重要な要件となっている。

　これらの追い風を受けて社会に認知されてきた地産地消は，観光に訪れた旅行者にとっても食の魅力を高めるとともに，生産者の「顔が見える」という食に対する安心感を醸成するものとして評価されてきた。

　その意味で旅行者にとって旅行中に出合う農産物直売所は，地域流通の中でも生産者との出会いの場所でもある。いわゆる直売所は，農家が道路脇に自家野菜や果樹などを置いた無人販売の印象があるが，現在では農協や「道の駅」などが販売場所を提供して，そこに近在の農家が軽自動車などに農産物を積み込んで持ち込む委託販売の形態のほうが一般的となっている。

　道の駅は，建設省（現，国土交通省）が1993年に創設した道路の休憩施設である。現在では道路利用者のための「休憩機能」，道路利用者や地域の方々の

ための「情報発信機能」，そして「道の駅」をきっかけに町と町とが手を結び，活力ある地域づくりをともに行うための「地域の連携機能」の3つの機能を併せ持つ休憩施設として，2014（平成26）年10月時点1040ヵ所で運用されている。

道の駅の中で物品販売施設を持つものは97％，飲食施設を持つものは91％を占める。これらに次いで多い施設が産地直売所で，全体の77％に当たる[18]。

道の駅の産地直売所はJAなどに委託せず，自主管理する動きも広がっている。佐賀県大和町の道の駅「大和」では，近隣農家の会員制度を設け，商品作物の種類ごとに肥料の散布状況など細かな情報管理規定を設け，基準に達した作物だけにしかバーコードを発行できないシステムを運用している。厳しい品質管理と並行して，販売状況も1時間ごとに電子メールで生産者に届けている。商品作物を納品した農家会員は，販売状況に合わせてこまめに収穫，出品を行うことができる。その結果，消費者は常に収穫したての新鮮な商品作物を購入できる。フットワークの軽い女性や若者の農業従事者が，こまめに商品を配架する機会をつくることにもなり，売り場で消費者との会話も生まれ，道の駅の活気を演出することにも成功した事例である[19]。

地域の魅力ある商品を販売する拠点として，集客力の高い道の駅は近年観光ガイドブックにも特集記事として掲載される事例も多い。消費者にとって道の駅は観光目的地であり，地域ならではの産品を購入できる地産地消の場所として認識されつつある。自家用車での旅行目的のひとつに新鮮な農水産品を購入するためという項目が加わり，地産地消の裾野が拡大した。

4.5 「土産品」購入場所としての高速道路サービスエリア

4.5.1 高速道路サービスエリアの位置づけ

一般的にはサービスエリア（SA）には休憩所，駐車場，トイレに加え売店，食堂，給油所などが備わっており，パーキングエリア（PA）には駐車場，トイレ，必要に応じ売店が備わっている。

近年ではSA/PAともにエンターテイメント指向を強めつつあり，一般主要

道路の「道の駅」と同様に，地域ならではの産品を購入する拠点として消費者に認知される傾向にある。

『全国SA/PA道の駅ガイド2014年版』（昭文社）などのように，SA/PA，道の駅を観光対象に，もしくは観光施設として紹介するガイドブックのほか，SA/PAなどを活用して車中泊で旅行を続ける消費者向けのガイドブックなど，多数の出版物に紹介されることが増えている。

中日本高速道路株式会社（略称：NEXCO中日本）の運用方針にも，以下の文言で地域連携の強化，地域社会・経済への貢献が挙げられている[20]。

> 「当社の事業エリアの1都11県と締結した，産業・観光の振興，文化交流及び災害時の協力などに関する包括的提携協定に基づき，地域との連携を強化します。
> サービスエリアにおける地場産品の取扱いや，サービスエリアを一般道から利用できる「ぷらっとパーク」の整備など，事業活動を通じて地域の発展と利便性の向上に貢献します。

4.5.2　土産品販売状況の変化

2012（平成24）年に開通した新東名高速道路に新たにできたサービスエリアは，施設ごとにテーマが設定されており，従来のサービスエリアと比べエンターテイメント化が進んでいる。キャラクターやテレビ番組とコラボレートしたテーマ性の高い飲食施設の開設，雑貨屋や洋服屋などといった必ずしも地場の特産品にこだわらない商品や店も増えている。

さらに，「ぷらっとパーク」と名づけられた一般道からSA/PAを利用するための駐車場を設け，高速道路利用者以外の地元の客も立ち寄れるような構造になっている。旅の通過点ではなく，エンターテイメントやショッピングを楽しむ目的で訪れている顧客も加われば，そこで販売する商品にも変化が求められる。

第4章 地域ブランドと観光土産品～高速道路SAでの調査を題材に～　*89*

4.6　新東名SA/PAにおける土産品購買状況調査

4.6.1　調査の目的と実施概要

　新東名高速道路のSA/PAにおける土産品の販売状況を調査するために，以下の3つの手法を用いた。
　A：土産品を購入する消費者の需要を把握するための対面調査（質問紙）
　B：土産品売り場付近での消費者の行動観察調査（エスノグラフィ）
　C：SA/PAに来訪する消費者の発地調査（車両ナンバーの記録）
　調査の概要は以下のとおりである。

〈調査の概要〉
　・実施日：2014（平成26）年9月12日（金）～13日（土）
　・調査場所：5ヵ所
　　　東名高速道路　　富士川サービスエリア（上り）
　　　　　　　　　　　日本平パーキングエリア（上り）
　　　新東名高速道路　駿河湾沼津サービスエリア（上り）
　　　　　　　　　　　清水パーキングエリア（上下）
　　　　　　　　　　　静岡サービスエリア（上り）
　・協力：中日本高速道路株式会社，一般社団法人国土計画協会
　・調査担当：常葉大学大久保研究室学生（一部，日本大学学生）
　　　　　　　法政大学小川孔輔教授・研究室院生・学生
　　　　　　　株式会社販売促進研究所

4.6.2　調査結果の概要

　ここでは，調査手法ごとに調査結果を記述する。

〈A：土産を購入する消費者の需要を把握するための対面調査（質問紙）〉
　目的：実際に商品を購入している人のタイプ，またその商品の選定理由，用

途など，消費者が土産品に求めるものを探る。

内容：商品を購入した人に，購入した商品を見せてもらい，以下の3点を質問した。

・その商品を選んだ理由
・渡す相手・用途
・静岡の地域産品へのイメージ

結果：5ヵ所のSA/PAで2日間調査を実施し，計191人のインタビュー結果が得られた。インタビュー対象の属性は表4.6.1に示す。

表4.6.1 取材回答者の属性

性別	人数	年代	人数	同行者	人数
男性	92人	20代	23人	家族	52人
女性	88人	30代	41人	夫婦・カップル	61人
男女	5人	40代	57人	友人	21人
不明	6人	50代	33人	ビジネス	17人
		60代	21人	一人	35人
		70代～	10人		

購入されている商品は，「富士山をモチーフにした商品」「お茶を使った菓子や食品（お茶味加工品）」「うなぎパイ」が多かった（図4.6.1）。

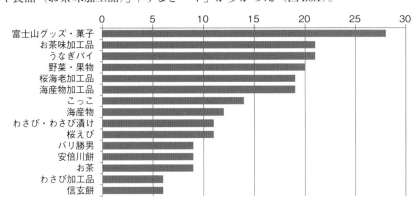

図4.6.1 購入した商品

次に「渡す相手・用途」に対する回答から，土産品の用途を集計した。

本調査の結果では，土産品の用途として，以下のグラフのとおり，「自分用」が最も多く，次いで「家族用」「同居していない親類用」「職場の人に渡す」「友人・知人に渡す」と続いている（図4.6.2）。

また，そのうち69％の人が自分や身内のために購入していることが確認された。友人・知人や職場など「配る」ことが想定される用途は27％にとどまった（図4.6.3）。

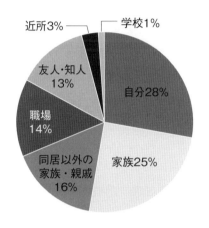

図4.6.2　購入した土産品の用途

対面調査の結果から，以下のことが考察できる。

① 用途によって商品選定理由が異なる

調査結果から，用途によって商品の選択理由が異なることがわかった。図4.6.3は，キーワードの中から横軸に「静岡らしさ」「定番」対「おいしそうかどうか」の差を，縦軸に「安心感」対「冒険心」の差を出し，因子分析によってプロットしたものである。

自分用に買うものについては，静岡らしさよりも珍しさや面白さ，美味しそうかどうかということを考えて購入する。逆に，職場の人に買うものについては，静岡に行ってきたことがわかりやすいもの，具体的にはお茶の商品や富士

山の形の商品，うなぎパイなど多くの人が知っているものが選ばれていた。同居していない親類については，一度買ったことがあるものや，うなぎパイなどの定番商品が多く，「安心して贈りたい，失敗したくない」という「無難なもの」を選択する心理が読み取れる。

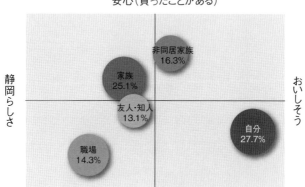

注）インタビュー調査結果より溝口[21]が作成

図4.6.3　土産品の用途と選択基準の分析

② 静岡らしさは「お茶」と「富士山」

購入商品の数として上位に挙がったのは富士山モチーフ商品とお茶加工商品だが，静岡らしさという理由で選ぶ人が多かった。また，静岡の特産物といえば何かという質問に関しては，78％の人が「お茶」と答えており，みかん（16％），わさび（11％）以下を大きく引き離している。しかしながら，図4.6.1の購入商品と比較してみると，お茶関連のお菓子は購入されていても，茶葉は8人とあまり購入されていないことがわかる。

〈B：土産品店付近での消費者の行動観察調査（エスノグラフィ）〉

行動観察調査は，SA/PAの土産品売り場で買い物をする客について，対象者をランダムに選定し，その行動を観察して記録した。

対象者が注目するもの（視線の方向）や立ち止まる位置（どの商品の前か），行動の傾向などを観察した。計168人の行動観察結果が得られた。

表4.6.2　行動観察調査（エスノグラフィー）による調査対象者

性別	人数	年代	人数	同伴者	人数
男性	52人	10代	2人	家族	38人
女性	93人	20代	27人	夫婦・カップル	55人
男女	23人	30代	43人	友人	30人
		40代	40人	ビジネスパーソン	10人
		50代	31人	なし（1人客）	33人
		60代	17人		
		70代	4人		
		80代	1人		

特徴的だったのは，駿河湾沼津SAの野菜売り場での買い物行動である。当該SAでは，行動観察対象者のほぼ8割以上が野菜売り場に立ち寄り，「まるでスーパーで買い物をするように（観察担当者コメント）」青果を吟味して購入している様子が目立ったことである。

実際に野菜売り場では，生産者の顔写真を使った販促物を展示したり，珍しい野菜の近くに調理法を書いた小さなレターをセットするなど，売り場における工夫がなされている。印象としては，SAというよりも道の駅に近い。また，生産者が納品に訪れ，消費者に野菜類の説明をするなど，積極的に会話をしている姿も見られた。そのような光景もまた，道の駅で見かける光景に類似している。

その結果，SA/PAにおける買い物行動の特徴は以下の2点に集約される。

① ひと通り売り場を巡回してから，購入商品を選定する

売り場を移動する速さは，観察対象者によって異なるものの，ほぼすべての棚をひと通り（多くの場合は一筆書き風に）観察してから，再び購入する商品の近くに行って手に取るという行動が多く見受けられた。また，男女・年齢層など，プロフィールによる差異は認められなかったが，女性グループだけは，

ひとりが購入を決定するとグループの他の人が次々と決定するという購買決定のパターンが観察された。

② 商品を手に取ると，裏返して表示を確認する

　気になる商品を手に取った際に，箱（もしくは袋）を裏返す行動が多く観察された。商品の表示（生産者，原材料，賞味期限などを記載したラベル）を見ているのではないかと推察できる。「生産者・販売者が静岡県か否か，またできるだけ近い住所のものを選定しているのではないか（調査担当者コメント）」とのことである。

　行動観察法を用いた調査では，一度に多くの観察対象者を選定することができないとともに，選定した観察対象者が購買に結びつかないなど，データ収集を前提とした調査では困難な点も多かった。

　また，全商品を観察してから手に取って購入するものが「うなぎパイ」などの全国的な知名度を持つ商品であることも多かった。このような購買行動の調査は，SA/PAでの商品構成やレイアウトを検討するためには有効なデータを提供できると考える。次回以降は精度を上げるための工夫が必要であろう。

〈C：SA/PAに来訪する消費者の発地調査（車両ナンバーの記録）〉

　SA/PAへの来訪客の商圏を把握するため，駐車場に停車中の車のナンバープレートの地名を調査した。駐車場内の安全上，すべての車を見ることはできなかったため，一定の範囲のみナンバーの数を確認した場所もある。

　可能な限りの駐車車両を観察した結果を，県内ナンバーと県外ナンバーに分け，比較したのが図4.6.4である。

　全体の傾向としては，12日（金）は県内からの客が多く，13日（土）は県外からの客が多いという結果になった。これは事前の担当者インタビューなどから予想したとおりの状況である。新東名沼津と東名富士川においては，平日も県外からの客が多い。

また，それぞれのSA/PAに付帯する一般道に接続する駐車場「ぷらっとパーク」に関しては8割以上が県内ナンバーであり，近所の方々もSA/PAに対して関心を持ち，買い物に来るということがわかった．

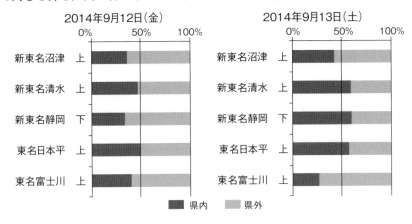

図4.6.4　来訪者の県内外者比率

4.6.3　調査結果の考察

今回の調査では，東名高速道路2ヵ所，新東名高速道路3ヵ所のSA/PAを調査対象として，以下の3つの調査を実施した．

A：土産品を購入する消費者の需要を把握するための対面調査（質問紙）
B：土産品店付近での消費者の行動観察調査（エスノグラフィ）
C：SA/PAに来訪する消費者の発地調査（車両ナンバーの記録）

今回は，土産品売り場を拠点として対面調査・観察調査を実施した．調査した曜日などの条件を十分配慮すべきであるが，購買行動が活発な来訪者の比率が高いことがわかった．

特に，すべての商品をじっくりと観察，吟味して購入する様子が調査担当者の印象として記録されている．平日・週末ともに，時間的余裕を持った来訪者が多いこと，また，ぷらっとパークの利用者など，時間に制限のない来訪者が多いためか，SA/PAの全体の雰囲気も極めてゆったりとしたものだった．

3つの調査を通して顧客の購買行動で注目すべき点は，以下の3点である．
① 静岡の特色（イメージ）である「富士山」と「お茶」に関連した商品が好まれるが，その一方で「茶葉」を購入する消費者が少ない．
② 生鮮食料品（青果など）に対する興味が大きく，ゆっくり時間をかけて観察・吟味して購入する．
③ 一般のお菓子類など，箱・袋入りの商品を手に取った後，裏返して表示を確認する顧客が多い．

地域ならではの商品を探しながらも，最終的には，うなぎパイなどの知名度の高いナショナルブランドを購入する顧客が多いのは，地域産品の商機を逃しているようで今後の工夫が必要である．

調査方法に関して，行動観察・インタビューを用いたが，さらにデータ精度を上げるためには，留め置き法などの質問紙調査や，free-wifiスポットを活用したwebでの質問調査，さらに多言語化など，データ収集の方法を多重構造化することも検討すべきである．いずれにしても継続的な調査が有効である．

4.7 地域ブランドと観光土産品の展望

本研究では土産品を，観光行動を通した「人と人とのコミュニケーション」を媒介するものととらえ，地域振興を背景にした地域産品の活用と，高速道路SAの役割を明らかにすることを目的とした．特に，①地域振興を目的とした土産品開発の拠点，②地域の農産品の土産品の販売拠点という2つの視点でその役割を明らかにした．

地域振興を目的として開発される地域産品は，多くの政策的背景の中で中小企業や地場産業の振興を前提として，大きな転換期を迎えている．既存の地域商品を地域ブランドとして認定する動きや，地域ならではの商品を新たに開発する動きの2つの動きが活発化している．そして，新たに地域ブランドとして認定されたり開発された商品は，地域外への販売を目的に新たな土産品として

広報されることが多い。

　これらの土産品は，地域の人々が手土産として訪問先に届けたりまた贈答品として送られることで，人と人とのコミュニケーションを促進することが期待される。それは土産品を通した地域間交流のひとつの形である。

　また一方で，農産品を中心として既存の流通経路以外に自主的に販売する方法として「道の駅」などを拠点とする動きが広がっている。今回の調査では駿河湾沼津SAで農産品が購入されているなど，SA/PAにも波及している。

　高速道路SA/PAと道の駅はともに地域外から人を招く主要道路に付属する施設であり，販売拠点としての役割も期待も大きい。また，増加しつつある外国人観光客にとっても，SA/PAおよび道の駅は地域の情報収集の拠点として重要な位置づけになることは想像に難くない。

　特に，静岡県内の新東名高速道路は「内陸フロンティア構想」[22]に基づく地域開発を実施するに当たり，その中の基本方針に取り上げられている「地域資源を活用した新しい産業の創出・集積」をもととした内陸部の開発が大いに期待できる。

　各都市で行われている地域ブランドなどの活動と，地産地消の取り組みがSA/PAや道の駅と連動して地域の魅力を発信する仕組みを確立することを期待する。

　本稿は，常葉大学経営学部紀要Vol.3に投稿した溝口佳菜子氏との共著論文に加筆して構成した。本研究にかかる資金は一般財団法人国土計画協会の助成を受けた。また調査に際しては中日本高速道路株式会社，法政大学経済学部小川孔輔教授，販売促進研究所であり，当時小川ゼミナールに所属していた溝口佳菜子氏など多くの皆様のご協力をいただきました。ここに改めて感謝を申し上げます。

▶▶注
1　前田勇（2005）「観光と土産品」『観光の新たな潮流』総合観光学会（編）他
2　鈴木遼太郎（2014a）「観光土産研究の課題—贈与交換，真正性，儀礼的倒錯」

『相模女子大学文化研究』pp.27-45
3 井口貢（2010）「土産品と観光」『観光ビジネス論』ミネルヴァ書房，pp.151-164
4 羽田耕治（2008）「観光土産品と土産品業」『地域振興と観光ビジネス』JTB能力開発，pp.247-250
5 鈴木涼太郎（2014b）「観光みやげにおける生産地と販売地のかい離―ギフト性と儀礼倒錯性をめぐる考察－」第29回日本観光研究学会全国大会学術論文集，p.296
6 前掲注1，pp.175-189
7 橋本和也（2011）『観光経験の人類学―土産物とガイドの「物語」を巡って』世界思想社
8 佐藤善信，平岩英治（2014）「日本型おもてなしの特徴」関西大学，p.24
9 https://www1.mlit.go.jp/common/001091028.pdf
10 鍛冶博之（2006）「観光学のなかの土産物研究」社会科学77，同志社大学，pp.45-70
11 鈴木勇一朗（2013）『おみやげと鉄道―名物で語る日本近代史』講談社　他
12 青木幸弘（2004）「地域ブランド構築の視点と枠組み」『商工ジャーナル』2004年8月号，pp.14-17
13 特許庁ホームページ
http://www.jpo.go.jp/cgi/link.cgi?url=/torikumi/t_torikumi/t_dantai_syouhyou.htm
14 なお，2018（平成30）年10月31日時点の登録数は641件である。
15 日経MJ（日経流通新聞）「地域ブランド　AtoZ」（2010年9月27日発行）より
16 堀田忠夫（1995）『産地生産流通論』文明堂，pp.187-188
17 尾高恵美（2011）「農産物直売所の売場効率」『農中総研　調査と情報　第27号』農林中金総合研究所，pp.8‐9
18 野間晴雄（2011）「地産地消が地域再生の鍵となる要件」学術の動向，2011.3，p.68
19 2013年10月25日　道の駅大和駅長への筆者取材
20 NEXCO中日本経営計画2014「チャレンジⅤ」（2014年6月発行）p.15
21 溝口佳菜子（2014）「静岡のお土産開発プロジェクト」法政大学専門職大学院イノベーションマネジメント研究科プロジェクト論文
22 静岡県の推進する内陸フロンティア構想に関しては，以下のHPに詳しいhttp://www.nf.pref.shizuoka.jp/（2018年11月30日閲覧）

第5章

中心市街地の再活性化
〜富士市の商店街を題材に〜

- 5.1 富士市の中心市街地の課題
- 5.2 中心市街地を取り巻く課題
- 5.3 リノベーションまちづくりの広がり
- 5.4 富士市まちなか再起動計画
- 5.5 リノベーションに対する需要調査
- 5.6 活用・再生案の検討
- 5.7 まとめ

5.1　富士市の中心市街地の課題

　地方都市において中心市街地の空洞化や衰退が指摘されるようになったのは，中心市街地の居住人口の減少や商店街における経営者の高齢化や後継者不足などが顕在化した1980年代以降である。空き店舗が連なる"シャッター通り"と化した商店街は，現在ではどの都市にも共通する景観となっている。静岡県富士市においてもそれは例外ではない。

　現在の富士市の基盤は，1966（昭和41）年に富士市と吉原市，高岡市が合併したことによって形成された。その後，田子の浦港が国際貿易港に指定されたり東名高速道路の富士インターチェンジが設置されるなど，産業都市としての基盤が拡充された。1975（昭和50）年に人口20万人を突破，2001（平成13）年には人口25万人を超えて特例市に移行し，2007（平成19）年に庵原郡富士川町と合併し，人口26万1,000人となった。静岡県内では，静岡市，浜松市に次ぐ第3の都市となっている。

　富士市は，合併前の各市町の核をなしていた商店街が現在も中心市街地を形成しているため，市内に複数の中心市街地が分散して存在している。

　その中でも規模の大きい商店街は，江戸時代の東海道宿場を起源とする吉原商店街と，明治時代に殖産興業の奨励を受けて発達した製紙業を背景に設置された東海道線富士駅周辺の富士本町商店街の2ヵ所である。

　本プロジェクトは，富士市内の吉原商店街と富士本町商店街を対象として，リノベーションの手法を用いた活性化策の提示を目的として進めたものである。

　事業名「富士市まちなか再起動計画（遊休不動産活用・再生に向けた実態調査）」として，経済産業省が平成28年度当初に公募した地域・まちなか商業活性化支援事業費補助金（中心市街地再興戦略事業）の調査部門で採択[1]され，2016（平成28）年7月から年度中に取り組んだプロジェクトである。事業主体は富士商工会議所であり，富士山まちづくり株式会社，勝亦・丸山建築計画事務所，工学院大学建築学部の木下研究室と常葉大学経営学部の大久保研究室（当時）が協力する体制で進められた。

本稿では，プロジェクトの中でも大久保研究室およびゼミ生たちが担当した富士市民に対する調査を中心に記述する。

5.2 中心市街地を取り巻く課題

地方都市における中心市街地の衰退に対して，まちなかの賑わいを取り戻そうとする試みが活発化した社会的背景の中で，1998（平成10）年に中心市街地活性化法，大規模店舗立地法，都市計画法のゾーニング（土地利用規制）の，いわゆる「まちづくり三法」が制定された。さらに，2006（平成18）年には，少子高齢化や人口減少を念頭に置いて中心市街地活性化法改正がなされ，都市機能を集約・再編するコンパクトシティ化が地方自治体の急務として推し進められている。

中心市街地の衰退は，当初は郊外に大型ショッピングセンターが建設されたことが主要因と考えられてきた。しかし，現実にはそれらの外部要因だけではなく，商店街を構成する個店の経営状況，商店主の高齢化とそれにともなう後継者不足などの商店街内部の環境や，インターネット・ショッピングの普及に見られるような消費者の購買行動の変化など，さまざまな要因が複合的に影響していることはいうまでもない。

同様に，高度経済成長期に建設された公共施設が老朽化したり，時代にそぐわなくなったりなど，遊休資産化することで地方自治体の財政を圧迫する存在になってきた。少子化による小中学校の統廃合や上下水道などの社会資本整備に必要な維持費などがその代表である。

これらの社会課題を解決する方法として，リノベーション（renovation）を採択する事例が増加している。リノベーションとは，一般に建築物などの改修や補修を意味する建築用語であるが，近年は，建物そのものの用途変更などをともなう大規模改修を指す言葉として使われる傾向にある。さらには，リノベーションの発想で遊休不動産などの空間資源を積極的に活用することにより，周辺住民の意識に変化を生み出す「リノベーションまちづくり」が全国各地で

取り組まれ，その効果が注目されている。

5.3 リノベーションまちづくりの広がり

5.3.1 「リノベーション」と「まちづくり」

　シャッター通りなど，空洞化した市街地を活性化させる手法として老朽化した既存建築物を「リノベーション」によって再活用し，さらにはそれを「まちづくり」の拠点とする考え方は比較的新しいものである。きっかけとなったのは，2011（平成23）年に北九州市ではじまった「リノベーションスクール」の取り組みであろう。

　北九州市小倉の中心部を形成する魚町周辺エリアは，あちこちで古いビルや店舗や空き地がリノベーションによって生まれ変わり，歩行者の増加，従業員数や新規事業者数を急増させている。これは北九州市が策定した「小倉家守構想」を基礎とした都市政策と，それに基づく民間投資を引き出すために投入した「リノベーションスクール」という新たな仕組みの成果である[2]。

　小倉家守構想とは，「小倉駅周辺の中心市街地の不動産を活用して都市型産業を振興する」ことを第一の目的として策定されたものである。北九州市経済産業局新産業振興課と不動産オーナー，地元の若手学識経験者によって委員会を組織して，民間が主導し，行政が支援するまちづくりを目指した5ヵ年計画を策定した。家守構想の名称には，不動産オーナーが遊休不動産を活用させるために「家守（やもり）」として新規事業者を見守るという意図が込められている。

　小倉家守構想を主導した清水（2014）は，まちづくりを成功に導くためには考現学的な都市観察を徹底的に行い，対象エリアを客観的に調査，観察し，そしてそれらのデータに基づきエリアマーケティングを行うことが前提条件である[3]と説いている。さらに，エリア調査，分析の手法として，以下の2点を提示している[4]。

　① エリアの定量データ（統計調査）収集

家賃，地下断層調査，空き物件，遊休不動産調査
② 考現学的なまちのフィールドサーベイ
定性的把握（クリエイティブシンキングの源）

これらのエリアマーケティングに基づいてビジョンを作成し，そのビジョンと一致したコンセプトに基づいて起業する「人」と「プラン」を集めるための仕組みとして運営されているのが「リノベーションスクール」である。

一般社団法人リノベーションまちづくりセンターの報告書[5]によると，リノベーションスクールの役割は以下の2点に集約される。

① スクールで対象となった実在の遊休不動産の活用を想定して作成した案件を，スクール後，実事業化するための足がかりになること。
② 受講生がスクールで得た知識と技術を生かして，各々が拠点とする地域や業界でリノベーションまちづくりの実践へと結びつけること。

北九州ではじまったこのリノベーションスクールの仕組みは，2016（平成28）年度には，全国約40都市で開催され，遊休不動産を「リノベーション」によって再生することが「まちづくり」につながるとの考え方が広がりつつある。

5.3.2 リノベーションまちづくりの取り組み事例

2016（平成28）年度時点で，静岡県東部地区では沼津市，熱海市がリノベーションまちづくりに取り組んでいた。

沼津市[6]では，2014（平成26）年11月28日に施行された「まち・ひと・しごと創生法」に基づいて策定した「沼津市まち・ひと・しごと創生人口ビジョン・総合戦略」の取り組みのひとつにリノベーションスクール事業を採用した。

また，2015（平成27）年度には，リノベーションまちづくりが地域創生の上乗せ交付金事業として選定された。具体的には，①リノベーションまちづくり，②まちなか起業の支援，③まちづくりファンドによる支援，④公共施設公民連携の4項目を実施し，2016（平成28）年度には「リノベーションスクール@沼津」を2回開催した。

熱海市[7]では，数年前から民間主導の「リノベーションスクール@熱海」が

開催されてきた。運営主体は，特定非営利活動法人atamista（アタミスタ）と，株式会社machimori（まちもり）である。熱海の銀座商店街には，証券会社として使用していたビルの1階をリノベーションしたカフェ（Cafe Rocaカフェロカ），パチンコ遊技場だった建物をリノベーションしたゲストハウスMARUYA（まるや）が先行して運営されてきた。

　その流れの中で，熱海市によって2016（平成28）年度に「ATAMI2030会議～熱海リノベーションまちづくり構想検討委員会～」が組織された。官民連携のこの会議は，選定された委員のほかにも一般参加者を募集する公開型で開催され，YouTubeで生中継するとともに，TwitterなどのSNSを使い会議室外からの意見も反映する会議として運営された。さらには過去の会議も閲覧できるチャンネルを設定するなど，実験的な取り組みとしても注目された。

　この会議は「2030年の熱海を考える」ために，農業・林業・福祉・ツーリズムなどの個別テーマに基づいて6回開催されたが，会議開催期間中に，並行して複数のワークショップやイベントを開催し，興味を広く喚起する仕かけをつくってきた。具体的には，リノベーション物件を活用した起業家を養成するための塾である「99℃ Startup Program for Atami 2030」や，空き家などの物件を舞台にしたアートイベント，商店街の道路を使ったマルシェなどのイベントである。

5.4　富士市まちなか再起動計画

5.4.1　プロジェクトの組織体制

　「富士市まちなか再起動計画」は，富士商工会議所を中心とした産官学の，複数の組織による協働プロジェクトとして進められた。

　事業主体は，富士商工会議所であり，調査・企画コンソーシアムとして，不動産物件調査および具体的なリノベーション設計を工学院大学木下庸子研究室と勝亦・丸山建築計画事務所が分担し，需要調査および新規事業案の作成を常葉大学経営学部大久保あかね研究室と富士山まちづくり株式会社が分担した。

勝亦・丸山建築計画事務所の勝亦優祐氏・丸山裕貴氏の両氏は工学院大学大学院建築学専攻の修了生であることから，指導教授である木下庸子教授に協力を仰ぎ，研究室に所属する大学院および大学ゼミ生が本プロジェクトの調査に参加した。同様に富士山まちづくり株式会社の鈴木大介氏が富士常葉大学総合経営学部（現，常葉大学経営学部）の卒業生である関係から，大久保ゼミ生が参加することになった。

5.4.2　プロジェクトの目的と概要

　本プロジェクトで対象とする富士市の「まちなか＝中心市街地」は，旧東海道の吉原宿を起源とする吉原商店街と，JR富士駅北口を起点とする富士本町商店街，南口周辺の商店街の2地区の3商店街とした。

　この2地区に点在する老朽化した遊休不動産の現状と課題を整理し，活用・再生の可能性を検討することを本プロジェクトの目標として設定した。

　プロジェクトの全体設計は「リノベーションまちづくり」のエリアマーケティングの基本的な流れを踏襲するものだが，不動産を所有する側の視点と，不動産物件を活用する事業者および一般消費者の2つの視点を想定し，その2方向から現状と課題を整理し，具体的な物件を再生・活用するパイロット事業を設計する事業構想まで提示することとした。

　したがって，プロジェクトの進め方は，①遊休不動産実態調査を実施することで建物の現状・課題と所有者の意向を整理し，②消費者ニーズ調査で中心市街地に対する生活者意識とともに新規創業・居住の可能性を探り，その結果をもとに，③活用・再生案を提示する，という手順である。

　また，本プロジェクトで得られた一連の成果は，シンポジウム形式で発表することで，行政および市民に対して広く周知を試みた。

5.4.3　遊休不動産実態調査

　遊休不動産物件の実態調査は，株式会社富士山まちづくり株式会社，勝亦・丸山建築計画事務所および工学院大学木下研究室が担当した。

吉原・富士両地区における建築物の登記情報収集，現地調査を行うとともに，不動産所有者へのアンケートおよびヒアリングを実施し，遊休不動産の実態を調査した。

　調査対象区域内の建築物の現況，不動産の利活用状況を調査するために，登記簿を活用した。

　2016（平成28）年6月13日（金）に法務局から取得できた登記簿件数は，富士地区287件，吉原地区276件の合計563件である。1966（昭和41）年の富士市の市政施行以前の古い建築物や，火事などの災害で散逸したものなど，登記簿が入手できない物件も存在したが，それらの物件に関しては，必要が生じた際に適宜対応することとした。

　これらの登記簿情報を活用した「不動産アーカイブ」を以下の手順で作成し，各地区固有の情報を整理した。

① 公図により地番の確認できる地図を作製
② エリアごとに街区分けを行い，アルファベットで名前をつける
③ エリア内のすべての地番をリストアップ
④ 地番リストの中からその地番に登記されている建物の建物登記簿を法務局の窓口から取得
⑤ 建物の個体識別番号として登記簿に記載されている建物番号を利用するため建物番号をリスト化
⑥ 建物番号ごとに登記簿に記載されている情報をリスト化
⑦ ⑥の作業によって得られたデータを整理し「不動産アーカイブ」とした
⑧ 「不動産アーカイブ」より，富士・吉原の2エリアの建物の傾向をつかむための分析を行った

　具体的には，新築・増築ごとの棟数を1985年の新耐震基準前後で整理し，耐震基準に適合しない可能性の高い建築物を洗い出した。また，リノベーションの際に必要となる情報として，建物の用途（申請時），建物の構造，階別の平均床面積と総床面積を整理した。

　得られた情報は，平面図に整理するとともに立体模型を作成し，街区の建築

物および不動産の現況を一望できるようにした。

　この「不動産アーカイブ」と並行して，不動産オーナーに対する現況確認のための調査を実施した。調査票に現地調査への協力の意向確認も添付し，本プロジェクトへの協力意欲を有し，建築物の内部実測調査に協力する意欲のある物件を選定した。

　当該調査は収集した登記簿に記載されている所有者情報をもとに，郵送による悉皆(しっかい)調査を試みた。調査票の発送数は383件，回収件数は162件（回収率41.97％）であった。

　調査項目は以下の7項目とした。
① 　現在の建物の用途（階層ごとに）
② 　一階テナント部分の家賃と面積
③ 　建物に関する重要書類の保管状況
④ 　耐震診断の有無
⑤ 　耐震補強の有無
⑥ 　建物の今後の活用方法
⑦ 　内部実測調査への協力の可否

　この調査で，設問⑦に対して協力意向を持ち，なおかつ所有者に活用意向または売却の意向があり，当該物件のおおむね半分以上が空室である建築物を富士・吉原で10件ずつ，合計20件を抽出し，8月21・22日に不動産オーナーに対するインタビュー調査と現地での実測調査を実施した。

5.4.4　起業家に対する聞き取り調査

　直近5年以内に対象地区として選定した商店街にて新規開業，または開業準備中の起業家を対象として，中心市街地において不動産物件の賃貸借を検討する際のニーズなどについて聞き取り調査を行った。

◆ 実施担当
　富士山まちづくり株式会社
◆ 調査期間

平成28年10月17日（月）～平成28年11月7日（月）
- ◆ 調査方法
  空き店舗対策事業応募事業者に対するアンケート調査
- ◆ 回収件数
  11件
- ◆ 調査項目
  事業拠点の位置
  開業（予定）の地域
  開業（予定）の時期
  営業（予定）の業種
  テナントの（想定）賃料
  不動産賃貸物件の選択基準
  フェイスシート

5.5 リノベーションに対する需要調査

5.5.1 生活者・来街者アンケートの概要

　対象地区に選定した吉原商店街および富士本町商店街のそれぞれの商店街において，生活者および来街者に対する対面調査を実施した。調査時期は，来街者の多い日程として，以下4つの催事の当日を選定した。吉原地区の吉原祇園祭（6月）と吉原宿場まつり（10月），富士本町の甲子夏まつり（8月）と秋まつり（10月）である。

　調査は，中心市街地に求める機能や施設に対する需要を確認する質問と各商店街に対して抱いているイメージ，また老朽化したビルの活用など，リノベーションに対する意見を聞く設問を用いて実施した。

　調査の概要は以下のとおりである。
- ◆ 実施担当
  富士山まちづくり株式会社

常葉大学経営学部経営学科 大久保研究室
◆ 調査日程
　吉原商店街
　　吉原祇園祭　　　　　平成28年6月11日（土）～12日（日）
　　吉原宿場まつり　　　平成28年10月9日（日）
　富士本町商店街
　　甲子（きのえね）夏まつり　平成28年8月6日（土）～7日（日）
　　甲子（きのえね）秋まつり　平成28年10月15日（土）～16日（日）
◆ 調査方法
　質問紙を用いた対面調査
◆ 調査項目
　来街頻度，来街目的，商店街周辺のイメージ，中古ビル利用の可能性，街に望む機能や施設，自由回答，フェイス項目
◆ 回収件数
　972件

5.5.2　生活者・来街者アンケートの結果

　対象地区における4回（合計7日間）の調査で回収した調査票は，富士地区534件，吉原地区458件の合計972件で，男性484件（富士231，吉原249）に対して，女性448件（富士303，吉原199）であった。
　回答者の年齢および居住地，また商店街に来る頻度は，以下の図に示したとおりである（図5.5.1，図5.5.2，図5.5.3）。

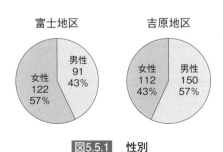

図5.5.1　性別

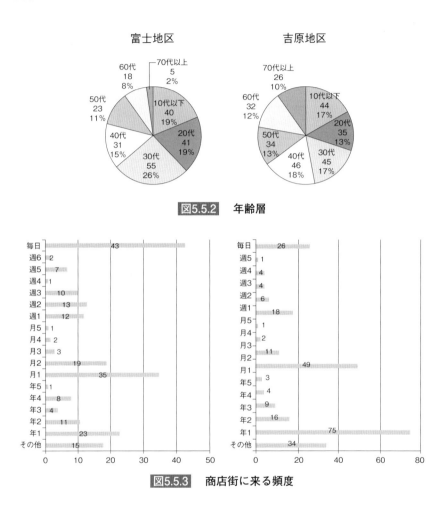

図5.5.2 年齢層

図5.5.3 商店街に来る頻度

　本調査の結果，富士地区には「毎日」来訪する回答者が多い一方で，吉原地区には「年１回」との回答が多いことがわかる。吉原地区への来訪理由も「祭り・イベント」との回答が47％を占めている。本調査は来街者の多いタイミングを選定して，祭り会場で実施したことも影響していると考えられるが，市内に居住していても商店街にはあまり足を運ばないこと，一方で祭りごとやイベントがあれば来訪するという市民の姿が垣間見える。

5.5.3　商店街に対するイメージ

では，それぞれの商店街に対して回答者が抱いているイメージを，SD法（セマンティック・ディフェンシャル法）を用いて測定した。SD法とは，印象評価を用いた測定方法で，対比する意味を持つ形容詞を左右に配置し，当てはまると感じる度合いを回答させる手法である。今回の調査には，都市のイメージ評価を実施した複数の先行研究を参考にして，「美しい：醜い」「自然的な：都市的な」などの16対の形容詞を選定した。

本調査の結果は以下の図に示す。

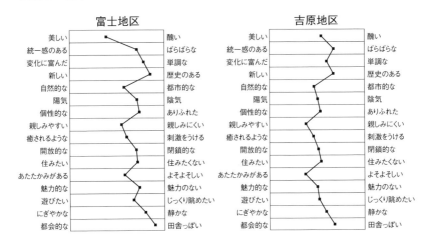

図5.5.4　各商店街のイメージ評価

富士地区，吉原地区に共通しているのは「歴史のある」「田舎っぽい」の評価が高いことである。また，富士地区では「美しい」，吉原地区では「親しみやすい」「あたたかみがある」の評価が高いことがわかる。

本イメージ調査の結果に関しては，年齢や性別など，ほかの設問の回答との相関をはじめ，さらに分析を進めている。詳細は第7章を参照されたい。

5.5.4　商店街に望む機能とリノベーションの需要

　各地区で「この街にあったらいいなと思う機能や施設」を尋ねた設問に対する回答（自由記述）は，富士地区が娯楽施設（101件：映画館，ゲームセンターなど），大規模商業施設（99件：デパート，ショッピングモールなど）が多かったのに対して，吉原地区では公益施設（90件：公園，駐車場など）を求める声が多く，各々の商店街に求める機能の差があることが興味深い。

　本調査の最後の設問には，本プロジェクトの最終目的であるリノベーションによる市街地の活性化に対する需要を確認する設問を設定した。

　「この街には築50年以上の古いビルがありますが，今後これらを使っていけると思いますか」との設問に対して「使える，わからない，使えない」の3つの選択肢を設定し，自由記述での意見を求めた。

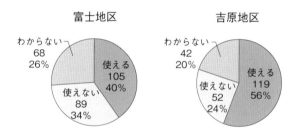

図5.5.5　築50年以上のビルの活用可能性

　「使える」との回答が富士地区では40％，吉原地区では56％と，両地区とも「使えない」との回答比率を上回っていた。

　自由記述による意見の中には，富士地区では肯定的な意見が23件，否定的な意見が15件，吉原地区では肯定的な意見が19件，否定的な意見が9件であり，いずれも肯定的な意見が多かった。

　具体的には，肯定的な意見として「耐震がよければ，ビルは使える」「リフォームしてお店にする」「老人（もしくは子供）の使えるような場所にして欲しい」などがあり，否定的な意見は「倒壊の危険性が高い」「駐車場にする」など，地震などの災害時の危険性を指摘する意見が目立った。

5.6 活用・再生案の検討

5.6.1 パイロット事業対象不動産の選定

　工学院大学木下研究室および勝亦・丸山建築計画事務所が中心となり，不動産所有者に対するヒアリングと不動産物件の実測調査を行った．調査時期は2016（平成28）年8月23日（火）から9月6日（火），実測した件数は富士地区7件，吉原地区9件の合計16件である．

　調査した物件の特徴や課題の整理を行い，活用・再生案を作成した．調査内容は，敷地の形状，接道状況，不動産の所有形態，建物用途（現状の利用状況など），敷地の形状特性，重要書類の有無，改修設計の可能性などの諸条件などである．

　あらかじめ法務局から入手していた登記簿情報と現地調査，不動産所有者へのヒアリングから対象エリア内の建築物のデータベースを作成した．このデータベースを読み解くことで，合法的かつ小額投資によってリノベーションを実行できる物件の選定が可能になった．

　また，これらのデータベースをもとにした都市模型を作成したことにより，対象エリアを俯瞰することができ，都市空間の中での個別建造物の現況を把握することができた．

　これらの不動産物件調査の結果を踏まえ，地域の代表的な課題，改修の規模などを考慮して，具体的な事業化を想定したパイロット事業3案の対象物件を選定した．

5.6.2 パイロット事業の事業計画案作成

　パイロット事業計画案は，このプロジェクトを単なる調査事業に終わらせないよう，実現可能性を意識して策定した．

　当該地区の課題を整理し，その課題を克服しつつ，小規模な投資でインパクトの大きいリノベーション事業を想定し，提案した．

　不動産物件調査によって抽出された当該地区の課題は，以下の3点である．

① ウナギの寝床状の空間

街道宿場などの都市計画の歴史的背景と，商業地としての性格上，短冊状に土地が分割されている。間口が狭く，奥に長いという特徴がある。

② 共同ビル

複数の所有者の土地を横断する共同ビルが多い。このように区分所有のビルはハードのメンテナンスや解体を個人の判断では実行できない。

③ 公私動線の重複

ビル1階の店舗が使われていなくても，上階にオーナーが居住している場合，店舗と生活動線との分離ができていないことが多く，テナントとして貸しづらい。

これらの課題を克服したパイロット事業として，ウナギの寝床状の長い空間を利用した「スモール屋台市場」や，共同ビルの用途変更の基準内で効率よくベッドを配置した「イベントスペース付きバッグパッカー向けのゲストハウス」を提案した。また，公私動線が重複していた物件には，「ゲストルームのある住宅」へのリノベーション案を作成した[8]。

また，本調査を通じて得られた空きビル情報をもとに，地域の不動産所有者，一般市民を対象とし，これらのパイロット事業対象物件を含む遊休不動産・空き店舗の実態を共有する「空きビルツアー」と「先行事例見学ツアー」を開催した。

5.7 まとめ

本プロジェクトは，限定的なエリアを対象とした不動産の流動化による地域活性を目的とし，静岡県富士市の富士地区・吉原地区の2つの中心市街地において調査を実施した。

まず，建築物の登記簿，現地調査，不動産所有者ヒアリングから対象エリア内の建築物のデータベースを作成した。データベースを分析することで，合法

的かつ少額の投資で建物のリノベーションが可能な条件の物件を選定することが可能になった。また，データベースと対応した都市模型を作成したことにより，都市空間の中での建物の現況を把握することができるようになった。

不動産所有者とは，ヒアリング調査を通して建物活用の今後の意向を確認するとともに，物件の内部空間の利用状況や実測調査に基づく図面の作成を通して人間関係を構築することができた。

遊休不動産物件の今後の活用方法を検討するためのパイロット事業では，実際の建物についての活用提案を作成することを心がけた。具体的には，来街者に対する需要調査の結果やオーナーの意向を盛り込み，最小限の初期投資と合法性を意識しながらの設計が完成した。

以上のことから，本事業で作成したデータベースとパイロット事業案を，プレイヤーが不動産を探し事業を組み立てる機会を増やすことやその際に参考とすることで，調査地域の不動産はリノベーションなどの活性化傾向に転じてほしいと考える。

本プロジェクトは，富士商工会議所，吉原商店街振興組合，富士本町商店街振興組合，タウンマネージメント吉原，富士健康印商店会，吉原祇園祭実行委員会，富士地区（甲子夏祭り主催），富士本町地区（甲子秋祭り主催），富士市産業経済部労政課のご協力とご助言をいただきながら，工学院大学木下庸子教授および木下研究室，株式会社勝亦・丸山建築計画事務所，富士山まちづくり株式会社とともに進めたものである。関係者の皆様には，ここに改めてお礼を申し上げる。

本稿は，常葉大学富士キャンパス産学官連携研究会編（2017）『産学官連携の実践と展望―常葉大学　富士キャンパスを中心とした取り組み―』「第13章　リノベーションによる富士市まちなか再起動計画」（和泉出版）に加筆修正を加えて構成した。

▶▶注
1　調査事業としては鳥取県倉吉市・雲南市と合わせて３件採択，他部門の採択案

件など．詳細は以下のHPを参照
　http://www.meti.go.jp/information/publicoffer/saitaku/s160404001.html
　（2017年3月31日閲覧）
2　清水義次（2014）『リノベーションまちづくり　不動産事業で街を再生する方法』
　学芸出版社，pp.94-114
3　前掲清水（2014）p.35
4　前掲清水（2014）p.36
5　以下のURLからも入手可能
　http://renomachi.com/wp-content/uploads/2015/11/renovation_report_01-04.pdf
　（2017年3月31日閲覧）
6　沼津市ホームページから抜粋引用
　http://www.city.numazu.shizuoka.jp/renovation/towa/index.htm
　（2017年3月31日閲覧）
7　熱海市によるリノベーションまちづくりのポータルサイトから抜粋引用
　http://renovation-atami.net/（2017年3月31日閲覧）
8　詳細は富士市まちなか再起動計画ホームページを参照
　https://info212014.wixsite.com/fuji-machinaka

第6章

調査データの活用 I
~仮説検定による精査~

- 6.1 観光調査の現状と課題
- 6.2 河津桜まつりにおける観光客動向調査
- 6.3 仮説の検証
- 6.4 考　察
- 6.5 仮説検定の意義

6.1 観光調査の現状と課題

　近年，日本国政府や地方自治体は観光政策を重視する傾向にある。地方自治体の観光政策は，地域間交流の促進や経済的利益の創出を目的とするものも多い。地域の観光資源や観光施設を開発し，国内外の観光誘客を推進するものだ。

　とりわけ，少子高齢化や人口減少が深刻化している地方自治体にとっては，移住者や観光交流客が地域創生には不可欠な要件と考えられている。しかし，観光客増加には，地域ならではの魅力の開発と魅力ある観光資源の掘り起こしが必要である。

　観光に関連した調査は，官民の関係主体によって数多く実施されてきた。しかしながら，いわゆる観光シーズンとされる集客のピーク時期や観光資源の特性など，調査の条件が地域や観光資源によって異なることから，調査地や調査時期に限定した結論に終始することが多い。塩谷（2009）[1]が指摘するように，断片的なデータ収集が長年継続されてきたにすぎない。

　したがって，これまでの調査は，特定の時間および特定の条件の下で各観光地における問題を理解することには有益であるが，時系列の変化または地域間での比較分析を行うことが困難である。これまで行われてきた特定の地域の統計は，時系列で分析可能な調査として設計し直し，標準的かつ広域で解決すべき問題を共有する調査・分析の手法を確立することが求められている。

　これまでにも観光行動の傾向を統計的に分析した研究は多い。吉田（2009）[2]は，東京都台東区における訪問者の観光行動を質問紙調査によって明らかにした。土居（2009）[3]は伊豆半島で実施した調査をもとに，伊豆半島の観光地イメージを政策評価に活用した。また狩野は2008年，2009年，2014年など，熱海での観光行動調査を継続的に実施し，その動向の変化を統計的に分析した[4]。

6.2 河津桜まつりにおける観光客動向調査

6.2.1 調査の概要

　伊豆半島の南東部に位置する静岡県賀茂郡河津町は，早咲きの桜で知名度が高い。桜の季節には，多くの観光客がこの町を訪れる。本稿では，2015（平成27）年2月に河津町で実施した対面による質問紙調査の調査データを仮説検定によって精査し，地域連携による観光市場の開発や誘客活動などの可能性を提示することを期待するものである。

　調査は2015（平成27）年2月21，22日の2日間，河津桜まつりの期間中に実施した。河津町の地理的特性と宿泊施設が不足している現状を踏まえ，調査員の一部は伊豆急稲取駅と伊豆急下田駅にも配置した。調査初日の天候は晴れ，2日目は雨であった。

　第25回河津桜まつりは，2015（平成27）年2月10日から3月10日まで開催され，前年比9％増の80万1,330人を集客した。調査初日の開花状況は30〜50％，夜にはイルミネーションのイベントが実施された。河津町観光協会の集計によると，21日には3万590人，22日には2万913人が訪問した。河津桜まつりの期間中，河津駅から桜並木の道沿いに約150店の飲食店や土産販売店が並んだ。また，近隣の稲取町では「つるし雛」の展示や「伊豆の踊り子写真撮影会」など数々のイベントが開催された。

　調査の概要は以下のとおりである。

(1) 調査対象：静岡県河津町を訪問した観光客
(2) 調査時期：2015（平成27）年2月21，22日
(3) 調査方法：調査員によるヒアリングおよび回答者による質問紙への記入
(4) 回答者数：回答総数　500
　　　　　　　有効回答数 478（有効回答率 95.6％）
　　　　　　　本稿では，峰温泉，足湯，観光交流館，下田駅にて収集した254件を分析に使用

6.2.2 基本統計調査結果
(1) 回答者の属性

Q1　居住地

	度数	%
近隣	164	64.6
遠方	89	35.0
合計	252	100.0

Q2　性別

	度数	%
男性	99	40.2
女性	147	59.8
合計	246	100.0

Q3　年齢

	度数	%
10-19	6	2.9
20-29	35	17.1
30-39	33	16.1
40-49	32	15.6
50-59	38	18.5
60-69	44	21.5
70-	17	8.3
合計	205	100.0

Q4　職業

	度数	%
自営業	9	4.2
勤め人	118	55.1
学生	10	4.7
主婦	35	16.4
無職	34	15.9
その他	8	3.7
合計	214	100.0

Q5　旅行同行者

	度数	%
一人旅行	6	2.4
夫婦・カップル	85	33.7
家族旅行	89	35.3
男性小グループ	10	4.0
女性小グループ	25	9.9
男女混合小グループ	21	8.3
団体旅行(7人以上)	14	5.6
その他	2	0.8
合計	252	100.0

(2) 仮説検定で使用した質問項目

Q6　伊豆半島及び河津桜への来遊回数：伊豆半島

	度数	%
初めて	37	14.6
2回目	23	9.1
3回目	24	9.5
4回目	14	5.5
5-9回目	53	20.9
10回以上	102	40.3
合計	253	100.0

Q6　伊豆半島及び河津桜への来遊回数：河津桜

	度数	%
初めて	118	49.0
2回目	38	15.8
3回目	32	13.3
4回目	17	7.1
5-9回目	19	7.9
10回以上	17	7.1
合計	241	100.0

Q7　伊豆半島までの交通手段

	度数	%
JR伊豆急在来線	151	60.6
観光バス	19	7.6
自家用車	71	28.5
その他	8	3.2
合計	249	100.0

Q9　伊豆半島に来られた主なきっかけ：①ポスター

	度数	%
選択	26	10.5
非選択	221	89.5
合計	247	100.0

Q9　伊豆半島に来られた主なきっかけ：⑩前回来てよかった

	度数	%
選択	62	25.1
非選択	185	74.9
合計	247	100.0

Q10　伊豆半島を訪問先に選ばれた旅行の目的は①温泉

	度数	%
選択	109	44.1
非選択	138	55.9
合計	247	100.0

Q11　伊豆半島の滞在期間

	度数	%
日帰り	49	19.3
2日間	167	65.7
3日間	35	13.8
4日間以上	3	1.2
合計	254	100.0

Q14-1　伊豆半島の魅力（イメージ）を選択テーマ「海」①海水浴

	度数	%
選択	61	32.4
非選択	127	67.6
合計	188	100.0

Q14-1　伊豆半島の魅力（イメージ）を選択テーマ「海」④夕日

	度数	%
選択	19	10.1
非選択	169	89.9
合計	188	100.0

Q16（3）伊豆半島での消費額，予算は：土産・買物費

	度数	%
〜1,000	25	11.8
1,001〜2,000	34	16.1
2,001〜3,000	47	22.3
3,001〜5,000	46	21.8
5,001〜	59	28.0
合計	211	100.0

6.3 仮説の検証

本節では，仮説検定を行うことにより伊豆半島への旅行者の動向，特徴を明らかにする。

6.3.1 仮説の設定

ここで，伊豆半島への旅行者の特徴を明らかにするため，下記のような仮説を設定することにした。

仮説1）若者は伊豆半島について「海水浴」をイメージしている

仮説2）伊豆半島から遠方に居住している（中国地方など，関東地方から離れた場所）人は，観光バスを利用する

仮説3）近隣に居住している（静岡，神奈川，東京）人は，自家用車で伊豆半島を訪れる

仮説4）伊豆半島から遠方に居住している人は，土産にかける予算が多い

仮説5）夫婦やカップルなどで伊豆半島に旅行する人は，リピーター（5回以上）である

仮説6）旅行のきっかけとして「前回来てよかった」を挙げている人は，伊豆半島のリピーターになる

仮説7）旅行のきっかけとして「前回来てよかった」を挙げている人は，河津桜のリピーターになる

仮説8）伊豆半島の旅行の目的が「温泉」である人は，滞在期間が2日以上

仮説9）近隣に居住している人は，伊豆半島には日帰り旅行で来ている

仮説10）旅行のきっかけとして「ポスター」を挙げている人は，バスまたは電車で伊豆半島を訪れている

6.3.2 仮説検定

本稿では，設定した仮説を検証するために，独立性の検定を行う。カイ二乗値は，次式のようにあらわされる。

$$x^2 = \sum_{i=1}^{n} \frac{(O_i - E_i)^2}{E_i} \tag{1}$$

ここで，O_iは実測値，E_iは期待値である。以下に独立性の検定による検証結果を示す。なお，本稿では有意水準を10%として検定を行っている。

仮説1）若者は伊豆半島について「海水浴」をイメージしている

表6.3.1　年齢と伊豆半島南部の魅力（海水浴）

Q3 年齢		Q14-1 伊豆半島南部の魅力（イメージ）は？ テーマ「海」：①海水浴		
		選択	非選択	合計
39歳以下	度数	26	34	60
	%	43.3	56.7	100.0
40歳以上	度数	28	72	100
	%	28.0	72.0	100.0
合計	度数	54	106	160
	%	33.8	66.3	100.0

有意確率　0.047

表6.3.1の分析結果については，次のような見方となる。まず，帰無仮説と対立仮説は以下のように設定される。

- 帰無仮説：年齢と伊豆半島南部に感じる魅力（①海水浴）の間に関連はない
- 対立仮説：年齢と伊豆半島南部に感じる魅力（①海水浴）の間に関連がある

有意水準10%で独立性の検定を行ったところ，有意確率は0.047であり，5%以下で有意という結果が得られた。よって帰無仮説は棄却され，対立仮説が採択される。年齢と伊豆半島南部に海水浴のイメージを持っているかどうか，という質問には関連が見られる。また，その割合から，30代以下の若者世代は，明確に伊豆半島での海水浴に魅力を感じていることがわかる。40代以上は海水浴ではなく，伊豆半島の他の点に魅力を感じて旅行に訪れているものと思われる。

表6.3.2 年齢と伊豆半島南部の魅力（夕日）

Q3 年齢		Q14-1 伊豆半島南部の魅力（イメージ）は？ テーマ「海」：④夕日		
		選択	非選択	合計
39歳以下	度数	3	57	60
	%	5.0	95.0	100.0
40歳以上	度数	14	86	100
	%	14.0	86.0	100.0
合計	度数	17	143	160
	%	10.6	89.4	100.0

有意確率　0.74

一方で，40代以上の世代は伊豆半島南部に何をイメージしているのであろうか。その答えを示すのが表6.3.2の結果である。30代以下は伊豆半島南部の魅力としてほとんど夕日を選択していないが，40代以上では夕日と回答している人も比較的みられることがわかる。こういった人々は，伊豆半島南部の景色を楽しみに旅行に訪れているのであろう。

仮説2）伊豆半島から遠方に居住している（中国地方など，関東地方から離れた場所）人は，観光バスを利用する

仮説3）近隣に居住している（静岡，神奈川，東京）人は，自家用車で伊豆半島に訪れる

表6.3.3 居住地と交通手段（観光バス）

Q1：居住地		Q7：伊豆半島までの交通手段：観光バス		
		選択	非選択	合計
近隣	度数	14	145	159
	%	8.8	91.2	100.0
遠方	度数	5	84	89
	%	5.6	94.4	100.0
合計	度数	19	229	248
	%	7.7	92.3	100.0

有意確率　0.365

表6.3.4　居住地と交通手段（自家用車）

Q1：居住地		Q7　伊豆半島までの交通手段：自家用車		
		選択	非選択	合計
近隣	度数	48	111	159
	%	30.2	69.8	100.0
遠方	度数	23	66	89
	%	25.8	74.2	100.0
合計	度数	71	177	248
	%	28.6	71.4	100.0

有意確率　0.468

表6.3.3の分析結果については，次のような見方となる。

- 帰無仮説：居住地と，伊豆半島までの交通手段が観光バスであるかどうかについて，関連がある
- 対立仮説：居住地と，伊豆半島までの交通手段が観光バスであるかどうかについて，関連がない

有意水準10％で独立性の検定を行ったところ，有意確率は0.468であり，有意ではないという結果が得られた。よって，帰無仮説を棄却することができないため，居住地と伊豆半島までの交通手段が観光バスであるかどうかについては，何の関連もみられない。遠方に居住している人は，観光バスツアーなどを利用して伊豆半島に旅行に訪れる可能性が高いと考えたが，そうではないようだ。

また，その反対に近隣に居住している人は自家用車での来訪機会が多そうなものであるが，表6.3.4に示すとおり，こちらも有意ではないという結果が得られた。なお，近隣は東京，神奈川，静岡居住とし，遠方はそれ以外の地域に居住と定義している。

仮説4）伊豆半島から遠方に居住している人は，土産にかける予算が多い

表6.3.5　居住地と予算および消費額（土産・買物費）

Q1：居住地		Q16（3）：伊豆半島での予算，消費額：土産・買物費		
		5,000円以下	5,000円以上	合計
近隣	度数	106	31	137
	%	77.4	22.6	100.0
遠方	度数	45	28	73
	%	61.6	38.4	100.0
合計	度数	151	59	210
	%	71.9	28.1	100.0

有意確率　0.016

　表6.3.5の結果から，明らかに遠方からの来訪者は伊豆半島での買い物によりお金をかけていることがわかる。遠方からわざわざ旅行に来たのだから，思い出になるものをたくさん買って帰る，また友人たちにもたくさん土産を買って帰る，といったような状況がみてとれる。

　仮説5）夫婦やカップルなどで伊豆半島に旅行する人は，リピーター（5回以上）である

表6.3.6　旅行同伴者（夫婦・カップル）と伊豆半島来遊回数

Q5：旅行同行者		Q6：伊豆半島への来遊回数		
		4回以下	5回以上	合計
夫婦・カップル	度数	31	57	88
	%	35.2	64.8	100.0
その他	度数	67	96	163
	%	41.1	58.9	100.0
合計	度数	98	153	251
	%	39.0	61.0	100.0

有意確率　0.362

　当初，夫婦やカップルなど大人同士での旅行には，伊豆半島の周遊が適していると考えていた。しかし，表6.3.6の結果にみられるように，伊豆半島への来遊は同伴者の形態に左右されない。夫婦・カップル以外にも，家族や友人同士での旅行にも伊豆半島はよく利用されているのかもしれない。

　仮説6）旅行のきっかけとして「前回来てよかった」を挙げている人は，伊

豆半島のリピーターになる

表6.3.7 伊豆半島に来たきっかけ（前回来てよかった）と伊豆半島来遊回数

Q9：伊豆半島に来た主なきっかけ・前回来てよかった		Q6：伊豆半島への来遊回数		
		4回以下	5回以上	合計
選択	度数	11	51	62
	%	17.7	82.3	100.0
非選択	度数	87	97	184
	%	47.3	52.7	100.0
合計	度数	98	148	246
	%	39.8	60.2	100.0

有意確率　0.000

　表6.3.7の結果をみると，1％有意となっている。前回来てよかったと思っている人は，繰り返し伊豆半島を訪れていることがわかる。なお，ここでのリピーターの定義は来遊回数が5回以上としている。前回来てよかったと回答している人は，そうではない人の割合と比較しても，多くがリピーターになっているといって間違いない。よって，来訪者に「来てよかった」と強く思わせることが目標となる。

　仮説7）旅行のきっかけとして「前回来てよかった」を挙げている人は，河津桜のリピーターになる

表6.3.8 伊豆半島に来たきっかけ（前回来てよかった）と河津桜来遊回数

Q9：伊豆半島に来た主なきっかけ・前回来てよかった		Q6：河津桜への来遊回数		
		4回以下	5回以上	合計
選択	度数	42	17	59
	%	71.2	28.8	100.0
非選択	度数	163	16	179
	%	91.1	8.9	100.0
合計	度数	205	33	238
	%	86.1	13.9	100.0

有意確率　0.000

　仮説7は仮説6同様，前回来てよかったと感じた人が河津桜のリピーターに

なるかどうかを検証した結果である。こちらも1％有意であり，明確に5回以上河津桜に来遊していることがわかる。来訪者が何をもって「（前回来て）よかった」と思っているのかを明らかにすることも，近々の課題であるように感じられる。

仮説8）伊豆半島の旅行の目的が「温泉」である人は，滞在期間が2日以上

表6.3.9　伊豆半島旅行の目的（温泉）と滞在期間

Q10：伊豆半島への旅行の目的は・温泉		Q11：伊豆半島の滞在期間		
		日帰り	2日間以上	合計
選択	度数	6	103	109
	％	5.5	94.5	100.0
非選択	度数	42	96	138
	％	30.4	69.6	100.0
合計	度数	48	199	247
	％	19.4	80.6	100.0

有意確率　0.000

表6.3.10　旅行同行者（夫婦・カップル）と伊豆半島旅行の目的（温泉）

Q5：旅行同伴者		Q10：伊豆半島への目的は・温泉		
		選択	非選択	合計
夫婦・カップル	度数	31	54	85
	％	36.5	63.5	100.0
その他	度数	76	84	160
	％	47.5	52.5	100.0
合計	度数	107	138	245
	％	43.7	56.3	100.0

有意確率　0.098

伊豆半島への旅行の目的を「温泉」としている人は，おそらくその多くが宿泊客であろうと考えていたが，表6.3.9からもわかるとおり，2日以上伊豆半島に滞在しているようだ。また，温泉に入りつつゆっくり時間を過ごしたいと思うのであれば，夫婦やカップルでの旅行が適していると考え，表6.3.10の分析を行った。その結果，やはり夫婦・カップルなど比較的ゆったりと時間を過ごせる旅行形態の方が，温泉を目的として伊豆半島に訪れていることがわかった。

仮説9）近隣に居住している人は，伊豆半島には日帰り旅行で来ている

表6.3.11　居住地と滞在期間

Q1：居住地		Q11：伊豆半島の滞在期間		合計
		日帰り	2日間以上	
近隣	度数	42	122	164
	%	25.6	74.4	100.0
遠方	度数	7	82	89
	%	7.9	92.1	100.0
合計	度数	49	204	253
	%	19.4	80.6	100.0

有意確率　0.001

　表6.3.11は，居住地と伊豆半島での滞在期間の関連をみたものである。遠方からの来訪者は2日間以上と，宿泊をともなう旅行を行っていることがわかる。近隣に居住している者は簡単に伊豆半島を訪れることができるため，また来ればよいと考えていることが本仮説より明らかとなった。宿泊をともなう滞在でしか体験できないようなイベント（夜間における開催など）を実施することで，滞在日数を増加させることが可能になろう。

仮説10）旅行のきっかけとして「ポスター」を挙げている人は，バスまたは電車で伊豆半島を訪れている

表6.3.12　伊豆半島に来たきっかけ（ポスター）と交通手段（公共交通機関）

Q9：伊豆半島に来た主なきっかけ・ポスター		Q7：伊豆半島までの交通手段		合計
		バスまたは電車	その他	
選択	度数	19	7	26
	%	73.1	26.9	100.0
非選択	度数	145	72	217
	%	66.8	33.2	100.0
合計	度数	164	79	243
	%	67.5	32.5	100.0

有意確率　0.520

　表6.3.12は，伊豆半島に来たきっかけがポスターであることと，バスまたは

電車（JR伊豆急在来線および観光バスを指す）を利用しての来訪について関連をみたものである。観光会社が主催するポスターを，電車内やツアー会社のデスクなどで目にしたことから，これらの交通機関を利用して旅行に訪れることは珍しくないと考えたが，検定の結果からは関連性がみられない。きっかけが何であれ，自家用車を使用せずに来訪している人は多いようだ。これには，観光地特有の駐車場問題などが関係しているかもしれない。

6.4 考　察

単純集計の結果を以下に示す。

① 来訪者の年代は，20代から70代以上まで偏りなく幅広い年代が来訪していた。

② 旅行形態では個人旅行が大多数を占め，団体旅行は8％とわずかな割合であった。年代別では，多くの年代で夫婦・カップルが最多であったのに対して，10代，40代では家族旅行が最多であったのが特徴的であった。

③ 伊豆半島への来訪回数は5～9回，10回以上が過半数を占め，ヘビー・リピーターの多さが目立つ結果であった。

④ 河津桜への来訪回数は，はじめて，2回目，が多くを占めた。これはプロモーション等の結果で新たに訪問を促すことができた結果ではないかと考えられる。

⑤ 伊豆半島までの交通手段では鉄道利用者が多く，伊豆半島内の交通手段では徒歩のみ，鉄道，路線バスが過半数を占めていた。西海岸への訪問率が3.14％に留まったのも，来訪者の交通手段が東海岸に偏った傾向があったことが理由のひとつと考えられる。

⑥ 来訪のきっかけは，半数近くが旅行会社のパンフレットを中心にテレビやインターネットといったマスメディアの情報を挙げたが，そのうちインターネットと宿泊予約サイトといったネット媒体は8％に留まった。旅行先を決めた後にインターネットを利用して情報収集していることは考えら

れるが，きっかけとしてのアナログ媒体による訴求効果は依然として高いものと考えられる。

⑦　来訪の目的では季節の花の回答が279件で最多であったほか，温泉，景色・自然，料理・味覚といった回答が多かった。一方で，史跡・文学碑・建造物，観光施設，美術館・博物館等の文化施設といった集客施設の回答はわずかであり，当地の自然環境に由来する要素が，旅行の動機としてより魅力的にとらえられていると考えられる。

⑧　伊豆半島での滞在期間は1泊（63％）の来訪者が最も多く，次いで日帰り（21％）であった。来訪者の居住地として東京都，神奈川県，静岡県で60％を占めており，日帰りから1泊の短期間の手軽な旅行先という位置づけであると考えられる。

⑨　旅行の訪問先は河津桜（234件）が最も多く，次点の下田（65件）を大きく離していた。都市別でも河津町（252件）が最も多く，その他は熱海市から南伊豆町までの東海岸を中心に分布した。これは河津町内に今回調査の調査地点の多くを設けたことが大きく反映されているものと考えられる。

⑩　伊豆半島への再訪意欲では98％が，来たい，もしくは，どちらかといえば来たい，と回答しており，季節では春が51％，夏が27％，秋が13％，冬が9％であった。

⑪　伊豆半島の魅力は，「海」に関しては新鮮な海の幸（162件），海の見える露天風呂（139件）といった回答が多数を占めた。「温泉」に関しては露天風呂（210件）が多数を占めた。「自然」に関しては季節の花（258件）が多数を占めた。「文化」に関しては，地域の郷土料理（92件），まちあるき（61件），寺社仏閣（48件）に分散した。

⑫　伊豆半島南部において充実させて欲しいことは，比較的分散した回答を得たが，二次交通の充実・情報（75件）が最も多く，伊豆半島南部のエリア地図（48件）が続くなど交通・移動手段に関する回答が上位であり，伊豆半島南部のモデルプラン，着地型観光の情報といった旅行先の提案に関

する項目は少数であった。

立ち寄り施設では，河津桜（234件）が最も多く，下田（65件），稲取（32件），つるし雛（31件），熱海（27件），伊豆高原（19件），ロープウェイ（12件），伊東（10件），下賀茂温泉（8件），河津七滝（8件），修善寺（8件），東京都（8件）の順であった。この集計には回答者が使用した単語を採用しているため，例えば稲取とつるし雛というように同じ地域であっても別の回答として現れている。これは，回答者が自身の訪問先をどのような単語で意識しているかを示すものとなっている。

また，平均訪問箇所数は全体で2.04ヵ所，自動車・バイク利用者1.89ヵ所，公共交通機関・その他利用者2.08ヵ所，日帰り客1.60ヵ所，宿泊客2.11ヵ所であった。

さらに，西海岸（西伊豆町，松崎町）を訪問した割合は，全体の3.14％，自動車・バイク利用者9.23％，公共交通機関・その他利用者1.75％，日帰り客3.64％，宿泊客3.07％であった。

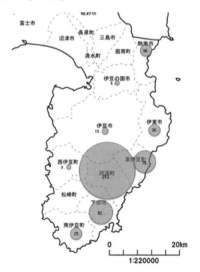

図6.4.1　立ち寄り場所のイメージ

また，前節にて以下のような仮説を設定し，検証を行った．
仮説1）若者は伊豆半島について「海水浴」をイメージしている
仮説2）伊豆半島から遠方に居住している（中国地方など，関東地方から離れた場所）人は，観光バスを利用する
仮説3）近隣に居住している（静岡，神奈川，東京）人は，自家用車で伊豆半島を訪れる
仮説4）伊豆半島から遠方に居住している人は，土産にかける予算が多い
仮説5）夫婦やカップルなどで伊豆半島に旅行する人はリピーター（5回以上）である
仮説6）旅行のきっかけとして「前回来てよかった」を挙げている人は，伊豆半島のリピーターになる
仮説7）旅行のきっかけとして「前回来てよかった」を挙げている人は，河津桜のリピーターになる
仮説8）伊豆半島の旅行の目的が「温泉」である人は，滞在期間が2日以上
仮説9）近隣に居住している人は，伊豆半島には日帰り旅行で来ている
仮説10）旅行のきっかけとして「ポスター」を挙げている人は，バスまたは電車で伊豆半島を訪れている

設定した10仮説12検定のうち，8検定（表6.3.1，表6.3.2，表6.3.5，表6.3.7，表6.3.8，表6.3.9，表6.3.10，表6.3.11）において有意であるという結果が得られた．本稿における分析により，伊豆半島および河津桜への来訪者の特徴や動向を明らかにすることができたものと考えられる．

6.5 仮説検定の意義

本稿は観光行動に対する質問紙調査のデータに対して仮説検定を実施し，単純集計から得られる印象との差異を明らかにした．

観光客に対して実施されてきた調査の多くが，単発でなおかつ単純集計での処理に終わることが多い中で，統計的処理を施すことでデータを精査すること

の必要性を示唆するものである。

　また，調査項目や調査方法などを共有することで，単発で実施されている調査結果を地方自治体の地域間で有効活用する可能性を探るものである。

　設定した10仮説12検定のうち，8検定（表6.3.1，表6.3.2，表6.3.5，表6.3.7，表6.3.8，表6.3.9，表6.3.10，表6.3.11）において有意であるという結果が得られた。一方，有意でないという検定結果もあることから，単純集計の結果から印象的にデータを読み取ることの危険性を示唆することができた。今後は，調査項目の精緻化と標準化を目指すとともに，伊豆半島の各地で調査を行うことにより，その有効性を確認したい。

　本稿は，静岡県，河津町，JTB中部株式会社，旅ラボなどの協力のもとに実施された河津桜まつり会場での調査データを利用したものである。

　仮説検定に関しては，下記論文より引用した。論文翻訳に際しては摂南大学の樋口友紀准教授にお世話になった。ご協力いただいた皆様に，改めて感謝申し上げる。

　Akane Okubo, Yuki Higuchi, Kazuhiro Takeyasu, *Hypothesis Testing for the Questionnaire Investigation on Tourists' Behavior*, International Business Research, Vol.10, No.12, pp.68-79, 2017

▶▶注

1　塩谷英生，朝日幸代（2009）「観光統計データの種類と活用―宿泊旅行統計を利用した分析」『産業関連』Vol.17. No.1.2，pp.16-29

2　吉田樹，太田悠悟，秋山哲男（2009）「大都市観光地域における来街者行動特性とその調査手法に関する基礎的研究」『観光科学研究』第2号，pp.13-20

3　土居英二編，熱海市・静岡県・（財）静岡総合研究機構他著（2009）『はじめよう観光地づくり政策評価と統計分析』日本評論社

4　狩野美知子，野方宏（2009）「第2回熱海市観光ヒアリング調査報告」『静岡大学経済研究』14（3），pp.23-33

　　狩野美知子（2011a）「熱海市観光客の特性分析：熱海市観光客動向調査をもとに」『静岡大学経済研究』15（4），pp.103-118

　　狩野美知子（2011b），「熱海市観光客の特性分析：データ追加と修正に基づく再考」『静岡大学経済研究16』（2），pp.61-78，他

2014年度　伊豆半島の観光動線実態調査票

本調査は静岡県南部の市町村の委託を受け、「観光まちづくり」に役立てるために実施されています。
※設問は裏表合わせて16項目です。各項目の該当する番号に○をつけてください。「その他」等の回答の場合は、（　　）内にその内容をお答えください。今回の伊豆旅行についてお答えください。

1. **居住地**：（都道府県名　　　　　　　　　）
   ⇒居住地が、東京都・神奈川県・静岡県の場合（市町村名　　　　　　　　　）
2. **性別**：　①男　　②女
3. **年齢**：　①10代　②20代　③30代　④40代　⑤50代　⑥60代　⑦70代以上
4. **職業**：　①自営業　②勤め人　③学生　④主婦　⑤無職　⑥その他（　　　　　）
5. **旅行同行者**：
   ①1人旅行　②夫婦・カップル　③家族旅行　④男性小グループ　⑤女性小グループ
   ⑥男女混合小グループ　⑦団体旅行（7人以上）　⑧その他（　　　　　）
6. **伊豆半島及び河津桜への来遊回数**：
   伊豆半島＝①はじめて　②2回目　③3回目　④4回目　⑤5～9回目　⑥10回以上
   河津桜　＝①はじめて　②2回目　③3回目　④4回目　⑤5～9回目　⑥10回以上
7. **伊豆半島までの交通手段**：
   ①JR伊豆急在来線　②観光バス　③自家用車　④レンタカー　⑤高速バス　⑥宿泊施設のシャトルバス　⑦その他（　　　　　）
8. **伊豆半島内の移動手段**：（いくつでも）
   ①徒歩のみ　②路線バス　③観光バス　④自家用車　⑤レンタカー　⑥タクシー
   ⑦その他（　　　　　）→⑤を選んだ方：始点（　　　　　）終点（　　　　　）
9. **伊豆半島に来られた主なきっかけは？**（いくつでも）
   ①ポスター　②旅行会社のパンフレット　③テレビの番組　④新聞広告　⑤雑誌
   ⑥河津桜のツアー商品があった　⑦宿泊予約サイト　⑧インターネット　⑨家族・知人のすすめ
   ⑩前回来てよかった　⑪その他（　　　　　）
10. **伊豆半島を訪問先に選ばれた旅行の目的は？**（いくつでも）
    ①温泉　②景色・自然　③料理・味覚　④季節の花　⑤街歩き・食べ歩き　⑥予算の関係
    ⑦交通の便がよい　⑧史跡・文学碑・建造物　⑨観光施設　⑩美術館・博物館等の文化施設　⑪体験観光　⑫公園　⑬その他（　　　　　）
11. **伊豆半島の滞在期間**：
    ①日帰り（　　）時間　②2日間　③3日間　④4日間以上
    ⇒②～④を選択した方は、裏面の質問にもお答えください。

(1) 宿泊の形態：①旅館・ホテル　②保養所　③別荘　④親戚・知人宅　⑤その他（　　　　）
(2) 宿泊施設の利用形態：①夕・朝食付　②夕食付　③朝食付　④食事なし　⑤その他（　　　　）

12. <u>今回の旅行で、伊豆半島のどこに行く予定ですか？（どこに行きましたか？）</u>【伊豆マップ参照】
　　　※滞在時間３０分以上の場所をお答えください
　　　　★　顧客分類（　　）：A：日帰り、河津桜から出発　　　B：日帰り、河津桜以外から出発
　　　　　　　　　　　　　　　C：宿泊、河津桜から出発　　　　D：宿泊、河津桜以外から出発

<u>①立寄施設名</u>
（　　　　）→（　　　　）→（　　　　）→（　　　　）→（　　　　）

<u>②宿泊地名</u>：１泊目【　　　　　　　】　２泊目【　　　　　　　】

13. <u>伊豆半島にまた来たいと思いますか？</u>（これから観光をされる方は、この質問には回答不要です。）
　　　①来たい　②どちらかといえば来たい　③どちらかといえば来たいと思わない　④来たいと思わない
　　　⇒①と②を選ばれた方は、伊豆半島のどこが（何が）良かったですか？
　　　　　　（　　　　　　　　　　　　　　　　　　　　　　　　　　　　　　　　　）
　　　　③と④を選ばれた方は、
　　　　　　伊豆半島のどこが（何が）良くなかったですか？
　　　　　　（　　　　　　　　　　　　　　　　　　　　　　　　　　　　　　　　　）
　　　　　次はどの季節に来たいですか？　　①春　　②夏　　③秋　　④冬

14. <u>伊豆半島南部の魅力（イメージ）を各テーマごとに、お選びください。（いくつでも）</u>
　　　テーマ１「海」：①海水浴　　②ダイビング、釣りなどのアクティビティー　③遊覧船　④夕日
　　　　　　　　　　　⑤海岸線ドライブ　⑥海の見える露天風呂　⑦新鮮な海の幸
　　　テーマ２「温泉」：①温泉街の情緒　②和風旅館　③露天風呂　④旅館ホテルの食事　⑤おもてなし
　　　テーマ３「自然」：①季節の花　②ハイキング・散策　③ジオパーク　④体験プログラム　⑤富士山
　　　テーマ４「文化」：①寺社仏閣　②ご朱印　③まちあるき　④民芸品　⑤地域の郷土料理
　　　その他：【　　　　　】【　　　　　　　】【　　　　　　　】

15. <u>伊豆半島南部を旅行するにあたって、充実させて欲しいことはなんですか。（いくつでも）</u>
　　　①伊豆半島南部のエリア地図　②伊豆半島南部のモデルプラン　③ドライブ旅行情報　④体験プラン
　　　などの着地型観光の情報　⑤レストランやショップの情報　⑥二次交通の充実、情報
　　　⑦その他（　　　　　　　　　）

16. <u>伊豆半島での下記項目の消費額、予算はいくらですか？</u>
(1) 宿泊費：①10,000円以下　②10,001～15,000円以下　③15,001～20,000円以下　④20,001～30,000円　⑤30,001円以上
(2) 飲食費：①1,000円以下　②1,001～2,000円以下　③2,001～3,000円以下　④3,001～5,000円　⑤5,001円以上
(3) 土産・買物費：①1,000円以下　②1,001～2,000円以下　③2,001～3,000円以下　④3,001～5,000円　⑤5,001円以上
(4) その他観光費：①1,000円以下　②1,001～2,000円以下　③2,001～3,000円以下　④3,001～5,000円　⑤5,001円以上

第7章

調査データの活用 II
~多重応答分析による精査~

7.1 富士まちなか再起動計画
7.2 吉原商店街の分析結果
7.3 富士本町商店街の分析結果
7.4 多重応答分析の成果

7.1 富士まちなか再起動計画

　本稿では，第5章で紹介した「富士市まちなか再起動計画」で実施した来街者調査によって取得したデータを基礎統計や多重応答分析を用いて分析することにより，調査対象とした2つの商店街に対する消費者の需要の違いを明らかにする手法を紹介する。

　「富士市まちなか再起動計画」は，各商店街の遊休不動産をリノベーションすることで再活性化を図るための基礎調査に位置づけられる。1年間のプロジェクト期間で，以下の3方向からの調査を実施した。

　A：遊休不動産物件の調査
　B：起業者および起業予定者への調査
　C：地域住民および来訪者への質問紙調査

　Aでは，富士本町商店街および吉原商店街の不動産の活用状況と所有者などの所有者データを法務局のデータベースから整理するとともに，エリア内の建築物の築年数および建築工法などを一軒ずつ調査し，両商店街の現況を明らかにすることを目的とした。

　Bは，富士市内および周辺地域で新たなビジネスを立ち上げた起業家に対するインタビュー調査である。本調査は，起業家の視点での富士本町および吉原商店街におけるビジネスの可能性を明らかにすることを目的とした。

　Cでは，富士本町・吉原両商店街の顧客となる地域住民および来訪者を対象として，来訪の目的，頻度，利点，不足している点，商店街に抱くイメージなどを明らかにするものである。

　本稿で行う統計的分析には，上記調査のうちCで収集したデータを扱うこととする。

　Cの調査は，富士市内で開催される4件の祭りの時期に実施した。富士本町商店街では8月の甲子（きのえね）夏まつり，10月の甲子秋まつりの2件の祭り，吉原商店街では6月の吉原祇園祭，10月の宿場まつりの2件の祭りである。それぞれの祭りには，例年多くの来訪者を数えるため，その期間中に地域住民

および来訪者に対する質問紙調査を実施した。

4回の調査で収集した982件（富士本町商店街534件，吉原商店街448件）のデータをもとに基礎統計と多重応答分析を実行した。

調査の概要を以下に示す。

(1) 調査対象：地域住民および商店街への来訪者
(2) 調査期間：①吉原祇園祭：2016年6月11，12日
　　　　　　　②宿場まつり：2016年10月9日
　　　　　　　③甲子夏まつり：2016年8月6，7日
　　　　　　　④甲子秋まつり：2016年10月15，16日
　　※①②の調査は吉原商店街で，③④の調査は富士本町商店街で実施した。
(3) 調査方法：対面による質問紙調査（回答者による自書式も含む）
(4) 回 収 数：調査票数1,400票，収集数982（回収率70.1％）
　　　　　　　有効回答数982票

当該プロジェクトの報告書には，単純集計に加えて簡単なクロス集計を用いて各商店街への来街者の需要を提示した。本稿では，同じデータを多重応答分析によって精査した。

はじめに吉原商店街で収集したデータをもとにした分析を記述し，次に富士本町商店街で収集したデータをもとにした分析を記述する。最後に分析結果を比較することで，来街者が抱くそれぞれの商店街のイメージを明らかにするとともに，多重応答分析の効果を示したい。

7.2　吉原商店街の分析結果

7.2.1　回答者の特徴

吉原商店街での2回の来街者調査によって，448件の調査票を集計した。回答者の性別，年齢層を以下の表に示す。

表7.2.1 性別

	度数	%
男性	249	55.6
女性	199	44.4
合計	448	100.0

表7.2.2 年齢

	度数	%
10代以下	49	10.9
20代	56	12.5
30代	85	19.0
40代	80	17.9
50代	60	13.4
60代	66	14.7
70代以上	52	11.6
合計	448	100.0

　また，回答者が商店街に来る頻度，また回答者の居住地を以下に示す。商店街への来訪頻度が「年1回」との回答が多いのは，調査を実施したのが祭り会場であったことが影響していると考えられる。

　プロジェクトの目的である老朽化したビルのリノベーションに対する設問では，古いビルが「使える」との回答が38.6%であった。

表7.2.3 商店街に来る頻度

	度数	%
毎日	58	13.7
週	70	16.5
月	105	24.8
年	167	39.5
初めて	23	5.4
Total	423	100.0

表7.2.4 居住地

	度数	%
富士市	351	78.3
富士宮市	31	6.9
沼津市	20	4.5
三島市	6	1.3
静岡市	13	2.9
その他県内	11	2.5
県外	16	3.6
Total	448	100.0

表7.2.5 築50年の古いビルが今後使えると思うか

	度数	%
使える	173	38.6
使えない	152	33.9
わからない	123	27.5
Total	325	100.0

7.2.2 多重応答分析で使用した質問項目

調査データの中から，商店街に来る目的（Q2）と商店街のイメージ（Q3）を抽出して多重応答分析を試みる。

当該分析によって，商店街に来る目的と，商店街のイメージの関連性を図示することができ，商店街へのより詳細な需要を導き出すことが可能となる。

当該プロジェクトでは，商店街のイメージを，SD法（セマンティックディフェンシャル法）を用いて調査している。調査票の設問に，「美しい：醜い」などの対義語を左右に配置し，その間に5つのポイントを記載し，回答者にどの程度かを回答させる方式であるが，本稿では質問時に左側に配置された単語について「そう思う～そう思わない」の5値としてとらえ，分析に用いた。

表7.2.6　商店街に来る目的（Q2）

a　買い物

	度数	％
はい	107	23.9
いいえ	341	76.1
合計	448	100.0

b　飲食

	度数	％
はい	68	15.2
いいえ	380	84.8
合計	448	100.0

c　仕事

	度数	％
はい	39	8.7
いいえ	409	91.3
合計	448	100.0

d　お祭り，イベント

	度数	％
はい	246	54.9
いいえ	202	45.1
合計	448	100.0

e　レジャー，娯楽

	度数	％
はい	8	1.8
いいえ	440	98.2
合計	448	100.0

f　その他

	度数	％
はい	50	11.2
いいえ	398	88.8
合計	448	100.0

表7.2.7　商店街のイメージ（Q3）

1　美しい	度数	%
そう思う	33	7.4
ややそう思う	106	23.7
どちらでもない	196	43.8
あまりそう思わない	88	19.6
そう思わない	25	5.6
合計	448	100.0

2　統一感のある	度数	%
そう思う	35	7.8
ややそう思う	94	21.0
どちらでもない	153	34.2
あまりそう思わない	117	26.1
そう思わない	49	10.9
合計	448	100.0

3　変化に富んだ	度数	%
そう思う	18	4.0
ややそう思う	63	14.1
どちらでもない	164	36.6
あまりそう思わない	127	28.3
そう思わない	76	17.0
合計	448	100.0

4　新しい	度数	%
そう思う	17	3.8
ややそう思う	44	9.8
どちらでもない	108	24.1
あまりそう思わない	166	37.1
そう思わない	113	25.2
合計	448	100.0

5　自然的な	度数	%
そう思う	48	10.7
ややそう思う	98	21.9
どちらでもない	191	42.6
あまりそう思わない	84	18.8
そう思わない	27	6.0
合計	448	100.0

6　陽気	度数	%
そう思う	56	12.5
ややそう思う	97	21.7
どちらでもない	130	29.0
あまりそう思わない	111	24.8
そう思わない	54	12.1
合計	448	100.0

7　個性的な	度数	%
そう思う	42	9.4
ややそう思う	77	17.2
どちらでもない	165	36.8
あまりそう思わない	101	22.5
そう思わない	63	14.1
合計	448	100.0

8　親しみやすい	度数	%
そう思う	103	23.0
ややそう思う	123	27.5
どちらでもない	134	29.9
あまりそう思わない	54	12.1
そう思わない	34	7.6
合計	448	100.0

9　癒されるような	度数	%
そう思う	56	12.5
ややそう思う	85	19.1
どちらでもない	212	47.3
あまりそう思わない	69	15.4

10　開放的な	度数	%
そう思う	50	11.2
ややそう思う	71	15.8
どちらでもない	169	37.7
あまりそう思わない	107	23.9

	度数	%
そう思わない	26	5.8
合計	448	100.0

11 住みたい

	度数	%
そう思う	56	12.5
ややそう思う	61	13.6
どちらでもない	156	34.8
あまりそう思わない	89	19.9
そう思わない	86	19.2
合計	448	100.0

13 魅力的な

	度数	%
そう思う	50	11.2
ややそう思う	92	20.5
どちらでもない	157	35.0
あまりそう思わない	99	22.1
そう思わない	50	11.2
合計	448	100.0

15 にぎやかな

	度数	%
そう思う	46	10.3
ややそう思う	60	13.4
どちらでもない	116	25.9
あまりそう思わない	126	28.1
そう思わない	100	22.3
合計	448	100.0

	度数	%
そう思わない	51	11.4
合計	448	100.0

12 あたたかみがある

	度数	%
そう思う	95	21.2
ややそう思う	132	29.5
どちらでもない	148	33.0
あまりそう思わない	49	10.9
そう思わない	24	5.4
合計	448	100.0

14 遊びたい

	度数	%
そう思う	43	9.6
ややそう思う	69	15.4
どちらでもない	188	42.0
あまりそう思わない	102	22.8
そう思わない	46	10.3
合計	448	100.0

16 都会的な

	度数	%
そう思う	19	4.3
ややそう思う	28	6.3
どちらでもない	123	27.5
あまりそう思わない	140	31.3
そう思わない	138	30.8
合計	448	100.0

7.2.3 多重応答分析

　ここでは前項で示したＱ２，Ｑ３の各項目を使用して，多重応答分析を行う。最初にＱ３のすべての質問を同時に分析にかけることで，質問間にどのような特徴があるかをみてゆく。

① Q3による多重応答分析

Ｑ３：この商店街周辺へのイメージをお聞かせ下さい

　最初にＱ３のすべての質問項目による多重応答分析の結果を示す。分析に当たり，「そう思う」「ややそう思う」を「そう思う」へ，「そう思わない」「あま

りそう思わない」は「そう思わない」へと変換している。「どちらでもない」はそのまま用い，各カテゴリーは3値に変換されている。

分析から次のような結果が得られた。表7.2.8はモデルの要約について示したものである。多重応答分析の結果，2軸が抽出されている。次元1におけるCronbachの α 係数は0.849，固有値は4.899，次元2におけるCronbachの α 係数は0.704，固有値は2.943であった。

表7.2.8　モデルの要約（Q3）

次元	Cronbachの α	説明された分散	
		合計（固有値）	要約イナーシャ
1	0.849	4.899	0.306
2	0.704	2.943	0.184
総計		7.842	0.490
平均	0.795	3.921	0.245

次に，判別測定図を示す（図7.2.1）。

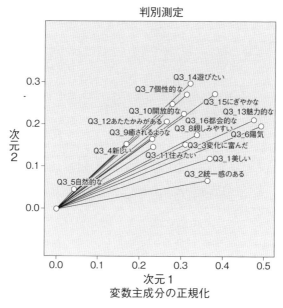

図7.2.1　判別測定図（Q3）

第7章 調査データの活用Ⅱ〜多重応答分析による精査〜 145

また，図7.2.2として分析に使用したすべての質問における，カテゴリースコアのプロット図を示した。図中における各カテゴリの要素は，次のような省略表記により表されている。

- Y-都会的：商店街周辺のイメージは「都会的」に「そう思う」と回答
- N-都会的：商店街周辺のイメージは「都会的」に「そう思わない」と回答
- E-都会的：商店街周辺のイメージは「都会的」に「どちらでもない」と回答

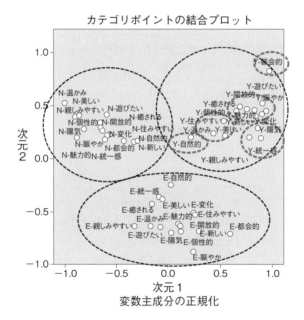

図7.2.2　カテゴリーポイントの結合プロット図（Q3）

図7.2.2を詳細にみてゆくと，3つの大きなグループに分割することができる。左のグループはすべての質問における否定的回答群であり，右のグループは肯定的回答群である。そして下のグループは，どちらでもないという回答からなる。これら3つのグループは明確に分かれており，Q3の各質問項目は非常に似通った性質を持っているということがわかるだろう。

ここで，肯定的回答グループに着目し，さらに5グループへと分割する。
- 左端：吉原商店街は「自然に溢れた」イメージ。
- 右上：吉原商店街は「都会的な雰囲気の」イメージ。
- 中央右下：「Y-陽気」「Y-統一感」「Y-美しい」からなり，吉原商店街は「洗練された雰囲気がある」イメージ。
- 中央：「Y-温かみのある」「Y-親しみやすい」「Y-住みたい」からなり，吉原商店街は「住みやすい」イメージ。
- 中央右上：「Y-新しい」「Y-変化に富んだ」「Y-開放的な」「Y-にぎやか」「Y-遊びたい」「Y-魅力的な」「Y-個性的な」「Y-癒される」からなり，吉原商店街は「陽気でわくわくするような」イメージ。

以上のように読み取ることができる。

② Q2およびQ3による多重応答分析

Q2：来る際の目的は何ですか
Q3：この商店街周辺へのイメージをお聞かせ下さい

前項の分析により，吉原商店街に対するイメージを明らかにすることができた。次に，これらのイメージが，商店街への来訪目的とどのように関係しているのかについて考えたい。商店街に持つイメージをバーチャルとするなら，実際の来訪はリアルであるということもできる。バーチャルをリアルにつなげてゆくことで，より来訪を促進することが可能になる，というわけである。

なお，Q3については分析結果が複雑化することを避けるため，「にぎやかな」「個性的な」「新しい」「統一感のある」「美しい」「変化に富んだ」「魅力的な」「遊びたい」「陽気」の9項目を分析に使用した。これらの分析結果から，肯定回答群において中央や右下に位置する，比較的重要であると思われるグループに出現した項目を選択抽出している。

Q2およびQ3について，多重応答分析を行った結果を以下に示す。

表7.2.9はモデルの要約について示したものである。2軸が抽出され，第1次

元におけるCronbachの α 係数は0.786，固有値は3.701，第2次元におけるCronbachの α 係数は0.546，固有値は2.028であった．

表7.2.9　モデルの要約（Q2およびQ3）

次元	Cronbachの α	説明された分散	
		合計（固有値）	要約イナーシャ
1	0.786	3.701	0.264
2	0.546	2.028	0.145
総計		5.729	0.409
平均	0.701	2.864	0.245

次に，判別測定図を示す（図7.2.3）．

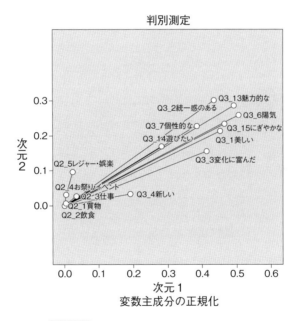

図7.2.3　判別測定図（Q2およびQ3）

また，図7.2.4としてQ2およびQ3による，カテゴリースコアのプロット図を示した．図中における省略記号の用い方は，図7.2.2と同様である．

148

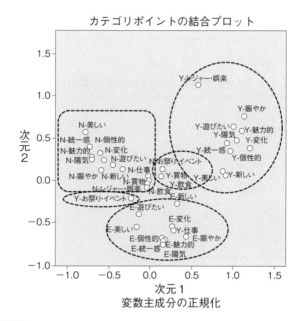

図7.2.4 カテゴリーポイントの結合プロット図（Q2およびQ3）

図7.2.4を詳細にみてみると，以下のような5つのグループが読み取れる。

- 左上：吉原商店街に対するイメージとして，否定的な回答群から構成される。
- 右上：吉原商店街への来訪目的は「Y-レジャー・娯楽」であり，吉原商店街に対するイメージは「Y-にぎやか」「Y-遊びたい」「Y-陽気」「Y-魅力的」「Y-変化に富んだ」「Y-統一感のある」「Y-個性的」「Y-新しい」である。このグループは吉原商店街を「積極的で活発な」雰囲気があると考えている。
- 中央：吉原商店街への来訪目的は「Y-買物」「Y-飲食」であり，祭りやイベントではないといっているグループ。
- 中央左：吉原商店街への来訪は「祭りやイベント」が目的であるグループ。
- 中央下：吉原商店街に対するイメージとして，どちらでもないという回答

群から構成される。

7.2.4 考　察

　吉原商店街に対するイメージ調査データにおける多重応答分析の結果から，以下のような状況を明らかにすることができた。

　図7.2.2からは，すべての質問に対する肯定的回答群，否定的回答群，そしてどちらでもないという回答群の大きな３つのグループを判別した。また，これらが明確に分かれていたことから，吉原商店街への来訪者が商店街に抱くイメージは，それぞれのグループ内ではおおむね傾向が似ているようである。

　肯定的回答群に着目すると，左側の「自然に溢れ親近感を感じる」グループ（A），右上の「都会的な雰囲気の」グループ（B），中央右下の「洗練された雰囲気がある」グループ（C），中央の「住みやすい」グループ（D），そして中央右寄りの「陽気でわくわくするような」グループ（E）の５群に分割することができた。

　次に，図7.2.4の分析結果からは５つのグループを読み取ることができた。

　左上のイメージに関する否定的な回答群（F），右上の「積極的で活発な」雰囲気を商店街に感じているグループ（G），中央の来訪目的が買物や飲食であるというグループ（H），中央左の来訪目的が祭りやイベントであるというグループ（I），そして中央下のイメージに関するどちらでもないという回答群（J），である。

　これらの結果を俯瞰すると，次のようなことがいえる。

- A群は左側の否定的回答群の近くに位置している
- B群は否定的回答群やどちらでもないという回答群からは遠く離れている
- D群はA群，E群，C群の間に挟まれている
- H群は肯定的回答と否定的回答の両方を含み，左側にある否定的回答群（I）に近い場所に位置する。
- I群は肯定的回答群（G）からは離れているが，否定的回答群（F）およびどちらでもないという回答群（J）にはかなり近い場所に位置する。

これらの結果は，以前筆者らが行ったベイジアンネットワークによる分析結果［Takeyasu et al., 2018］[1]［Aburai et al., 2018］[2] とも似通っている。今後は，吉原商店街への来訪者数増加のため，よりこれらのイメージを，来訪目的や来訪のきっかけなどにつなげていく必要があろう。いずれにせよ，吉原商店街の活性化のため，これらの結果をより詳細に検討する必要がある。

本稿の分析から，吉原商店街のイメージに関して実りある結果を得ることができたといえる。今後はリピーターなどによる連続性のある訪問記録を取得することにより，分析結果を検証してゆきたい。

7.3 富士本町商店街の分析結果

7.3.1 回答者の特徴

富士本町商店街での2回の来街者調査によって，534件の調査票を集計した。回答者の性別，年齢層を以下の表に示す。

表7.3.1 性別

	度数	%
男性	231	43.3
女性	303	56.7
合計	534	100.0

表7.3.2 年齢

	度数	%
10代以下	110	20.6
20代	89	16.7
30代	135	25.3
40代	91	17.0
50代	54	10.1
60代	37	6.9
70代以上	18	3.4
合計	534	100.0

回答者が商店街に来る頻度に対して「毎日」との回答が22.1%であり，この点が吉原商店街と大きく異なる。また回答者の居住地は，富士市民が82.8%であった。

プロジェクトの目的である老朽化したビルのリノベーションに対する設問では，古いビルが「使える」との回答が48.7%であり，約半数が肯定的な回答を

示した。

表7.3.3　商店街に来る頻度

	度数	%
毎日	113	22.1
週	92	18.0
月	148	28.9
年	143	27.9
初めて	16	3.1
Total	512	100.0

表7.3.4　居住地

	度数	%
富士市	442	82.8
富士宮市	47	8.8
沼津市	11	2.1
三島市	4	0.7
静岡市	5	0.9
その他県内	11	2.1
県外	14	2.6
Total	534	100.0

表7.3.5　築50年の古いビルが今後使えると思うか

	度数	%
使える	260	48.7
使えない	156	29.2
わからない	118	22.1
Total	416	100.0

7.3.2　多重応答分析で使用した質問項目

　調査データの中から，商店街に来る目的（Q2）と商店街のイメージ（Q3）を抽出して多重応答分析を試みる。

　当該分析によって，商店街に来る目的と，商店街のイメージの関連性を図示することができ，商店街へのより詳細な需要を導き出すことが可能となる。

　当該プロジェクトでは，商店街のイメージを，SD法（セマンティックディフェンシャル法）を用いて調査している。調査票の設問に，「美しい：醜い」などの対義語を左右に配置し，その間に5つのポイントを記載し，回答者にどの程度かを回答させる方式であるが，本稿では質問時に左側に配置された単語について「そう思う〜そう思わない」の5値としてとらえ，分析に用いた。

表7.3.6　商店街への来訪目的（Q2）

a　買い物

	度数	%
はい	105	19.7
いいえ	429	80.3
合計	534	100.0

b　飲食

	度数	%
はい	83	15.5
いいえ	451	84.5
合計	534	100.0

c　仕事

	度数	%
はい	45	8.4
いいえ	489	91.6
合計	534	100.0

d　お祭り，イベント

	度数	%
はい	208	39.0
いいえ	326	61.0
合計	534	100.0

e　レジャー，娯楽

	度数	%
はい	37	6.9
いいえ	497	93.1
合計	534	100.0

f　その他

	度数	%
はい	132	24.7
いいえ	402	75.3
合計	534	100.0

表7.3.7　商店街のイメージ（Q3）

1　美しい

	度数	%
そう思う	33	6.2
ややそう思う	146	27.3
どちらでもない	198	37.1
あまりそう思わない	128	24.0
そう思わない	29	5.4
合計	534	100.0

2　統一感のある

	度数	%
そう思う	24	4.5
ややそう思う	108	20.2
どちらでもない	194	36.3
あまりそう思わない	139	26.0
そう思わない	69	12.9
合計	534	100.0

3　変化に富んだ

	度数	%
そう思う	20	3.7
ややそう思う	66	12.4
どちらでもない	180	33.7
あまりそう思わない	184	34.5
そう思わない	84	15.7
合計	534	100.0

4　新しい

	度数	%
そう思う	8	1.5
ややそう思う	50	9.4
どちらでもない	166	31.1
あまりそう思わない	177	33.1
そう思わない	133	24.9
合計	534	100.0

5　自然的な

	度数	%
そう思う	64	12.0

6　陽気

	度数	%
そう思う	38	7.1

ややそう思う	135	25.3
どちらでもない	216	40.5
あまりそう思わない	92	17.3
そう思わない	26	4.9
合計	534	100.0

ややそう思う	97	18.2
どちらでもない	164	30.7
あまりそう思わない	170	31.8
そう思わない	65	12.2
合計	534	100.0

7 個性的な

	度数	%
そう思う	34	6.4
ややそう思う	88	16.5
どちらでもない	173	32.4
あまりそう思わない	152	28.5
そう思わない	87	16.3
合計	534	100.0

8 親しみやすい

	度数	%
そう思う	104	19.5
ややそう思う	134	25.1
どちらでもない	171	32.0
あまりそう思わない	74	13.9
そう思わない	51	9.6
合計	534	100.0

9 癒されるような

	度数	%
そう思う	41	7.7
ややそう思う	106	19.9
どちらでもない	293	54.9
あまりそう思わない	71	13.3
そう思わない	23	4.3
合計	534	100.0

10 開放的な

	度数	%
そう思う	42	7.9
ややそう思う	92	17.2
どちらでもない	186	34.8
あまりそう思わない	140	26.2
そう思わない	74	13.9
合計	534	100.0

11 住みたい

	度数	%
そう思う	54	10.1
ややそう思う	73	13.7
どちらでもない	193	36.1
あまりそう思わない	111	20.8
そう思わない	103	19.3
合計	534	100.0

12 あたたかみがある

	度数	%
そう思う	74	13.9
ややそう思う	140	26.2
どちらでもない	188	35.2
あまりそう思わない	84	15.7
そう思わない	48	9.0
合計	534	100.0

13 魅力的な

	度数	%
そう思う	28	5.2
ややそう思う	88	16.5
どちらでもない	189	35.4
あまりそう思わない	145	27.2
そう思わない	84	15.7
合計	534	100.0

14 遊びたい

	度数	%
そう思う	46	8.6
ややそう思う	65	12.2
どちらでもない	256	47.9
あまりそう思わない	115	21.5
そう思わない	52	9.7
合計	534	100.0

15 にぎやかな

	度数	%

16 都会的な

	度数	%

そう思う	31	5.8		そう思う	14	2.6
ややそう思う	59	11.0		ややそう思う	26	4.9
どちらでもない	156	29.2		どちらでもない	143	26.8
あまりそう思わない	174	32.6		あまりそう思わない	179	33.5
そう思わない	114	21.3		そう思わない	172	32.2
合計	534	100.0		合計	534	100.0

7.3.3 多重応答分析

ここでは，前項で示した各項目を使用して，多重応答分析を行う。最初にQ3のすべての質問を同時に分析にかけることで，質問間にどのような特徴があるかをみてゆく。

① Q3による多重応答分析

Q3：この商店街周辺へのイメージをお聞かせ下さい

最初にQ3のすべての質問項目による多重応答分析の結果を示す。分析に当たり，「そう思う」「ややそう思う」を「そう思う」へ，「そう思わない」「あまりそう思わない」は「そう思わない」へと変換している。「どちらでもない」はそのまま用い，各カテゴリーは3値に変換されている。

分析から次のような結果が得られた。表7.3.8はモデルの要約について示したものである。多重応答分析の結果，2軸が抽出されている。次元1におけるCronbachの α 係数は0.867，固有値は5.337，次元2におけるCronbachの α 係数は0.689，固有値は2.822であった。

表7.3.8　モデルの要約（Q3）

次元	Cronbachの α	説明された分散	
		合計（固有値）	要約イナーシャ
1	0.867	5.337	0.334
2	0.689	2.822	0.176
総計		8.158	0.510
平均	0.805	4.079	0.255

次に，判別測定図を示す（図7.3.1）。

第7章　調査データの活用Ⅱ〜多重応答分析による精査〜　155

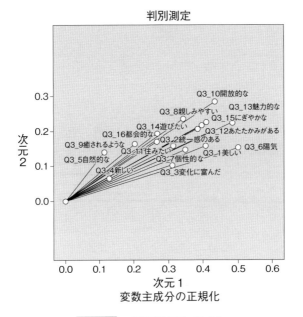

図7.3.1　判別測定図（Q3）

　また，図7.3.2として分析に使用したすべての質問における，カテゴリースコアのプロット図を示した。図中における各カテゴリーの要素は，次のような省略表記により表されている。

- Y-美しい：商店街周辺のイメージは「美しい」に「そう思う」と回答
- N-美しい：商店街周辺のイメージは「美しい」に「そう思わない」と回答
- E-美しい：商店街周辺のイメージは「美しい」に「どちらでもない」と回答

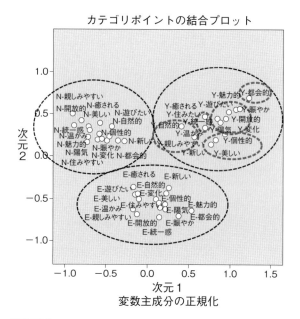

図7.3.2　カテゴリーポイントの結合プロット図（Q3）

　図7.3.2を詳細にみてみると，3つの大きなグループが読み取れる。右上のグループはすべての質問における肯定的回答であり，左はその反対の否定的回答により構成されている。そして下のグループは，どちらでもないという回答からなる。一概に対義語が否定的なイメージであるとはいえないものの，これらの特徴が明確に出ていることから，回答者は富士本町商店街に対して「全体的に良いイメージを持つもの」「全体的に良くないイメージを持つもの」「そのどちらとも思っていないもの」に大別されることがわかる。

　ここで，右上の肯定的回答グループに着目し，さらに5グループへと分割する。

- 左端：「Y-自然な」「Y-親しみやすい」からなり，富士本町商店街は「自然に溢れ親近感を感じる」イメージ。
- 右上：富士本町商店街は「都会的な雰囲気の」イメージ。

- 右下:「Y-新しい」「Y-美しい」「Y-個性的」からなり,富士本町商店街は「洗練された雰囲気がある」イメージ。
- 中央:「Y-温かみのある」「Y-癒される」からなり,富士本町商店街は「安心する」イメージ。
- 中央右寄り:「Y-変化に富んだ」「Y-陽気」「Y-開放的な」「Y-遊びたい」「Y-魅力的な」「Y-住みたい」「Y-統一感のある」「Y-にぎやかな」からなり,富士本町商店街は「積極的で活発な」イメージ。

以上のように読み取ることができる。

② Q2およびQ3による多重応答分析

Q2:来る際の目的はなんですか
Q3:この商店街周辺へのイメージをお聞かせ下さい

これまでの分析により,富士本町商店街に対するイメージを明らかにすることができた。次に,これらのイメージが,富士本町商店街への来訪目的とどのように関係しているのかについて考えたい。商店街に持つイメージをバーチャルとするなら,実際の来訪はリアルであるということもできる。バーチャルをリアルにつなげてゆくことで,より来訪を促進することが可能になる,というわけである。

なお,Q3については分析結果が複雑化することを避けるため,「にぎやかな」「個性的な」「新しい」「統一感のある」「美しい」「変化に富んだ」「魅力的な」「遊びたい」「陽気」の9項目を分析に使用した。これらの分析結果から,肯定回答群において中央や右下に位置する,比較的重要であると思われるグループに出現した項目を選択抽出している。

Q2およびQ3について,多重応答分析を行った結果を以下に示す。

表7.3.9はモデルの要約について示したものである。2軸が抽出され,第1次元におけるCronbachのα係数は0.773,固有値は3.547,第2次元におけるCronbachのα係数は0.568,固有値は2.115であった。

表7.3.9　モデルの要約（Q2およびQ3）

次元	Cronbachの α	説明された分散	
		合計（固有値）	要約イナーシャ
1	0.773	3.547	0.253
2	0.568	2.115	0.151
総計		5.663	0.404
平均	0.697	2.831	0.202

次に，判別測定図を示す（図7.3.3）。

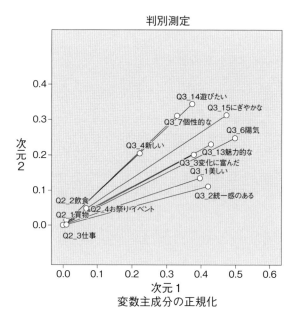

図 7.3.3　判別測定図（Q2およびQ3）

また，図7.3.4としてQ2およびQ3による，カテゴリースコアのプロット図を示した。図中における省略記号の用い方は，図7.3.2と同様である。

第7章　調査データの活用Ⅱ〜多重応答分析による精査〜　159

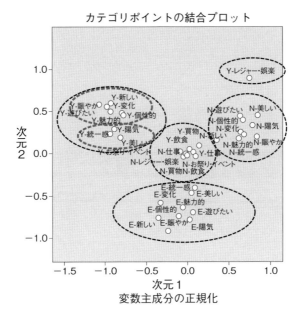

図7.3.4　カテゴリーポイントの結合プロット図（Q2およびQ3）

図7.3.4を詳細にみてみると，以下のような5つのグループが読み取れる。
- 左上：2つの小さなグループに分けることができる。上のグループは「Y-にぎやかな」「Y-新しい」「Y-魅力的な」「Y-遊びたい」「Y-変化に富んだ」「Y-個性的」からなり，富士本町商店街は「積極的で活発な」イメージ。下のグループは「Y-陽気」「Y-統一感のある」「Y-美しい」からなり，富士本町商店街は「洗練された雰囲気がある」イメージ。
- 右上：富士本町商店街への来訪は「レジャーや娯楽が目的」であるグループ。
- 中央：このグループには肯定的回答と否定的回答の両方が混在する。肯定的回答についてみると，「Y-買物」「Y-仕事」「Y-飲食」「Y-祭り・イベント」であり，これらは来訪目的に関するグループといえる。
- 中央右：富士本町商店街に対するイメージとして，否定的な回答群から構

成される．
- 中央下：富士本町商店街に対するイメージとして，どちらでもないという回答群から構成される．

7.3.4 考　察

本稿における多重応答分析の結果から，以下のような状況を明らかにすることができた．

図7.3.2からは3つの大きなグループが読み取れた．すべての質問に対する肯定的回答群，否定的回答群，そしてどちらでもないという回答群である．これらは明確に分かれている．

肯定的回答群に着目すると，左端の「自然に溢れ親近感を感じる」グループ（A），右上の「都会的な雰囲気の」グループ（B），右下の「洗練された雰囲気がある」グループ（C），中央の「安心する」グループ（D），そして中央右寄りの「積極的で活発な」グループ（E）の5群に分割することができた．

次に，図7.3.4の分析結果からは5つのグループを読み取ることができた．

左上の「積極的で活発な」と，「洗練された雰囲気がある」からなるグループ（F），右上の「来訪はレジャーや娯楽が目的」のグループ（G），中央の来訪目的に関するグループ（H），中央右のイメージに関する否定的な回答群（I），そして中央下のイメージに関するどちらでもないという回答群（J），である．

これらの結果を俯瞰すると，次のようなことがいえる．
- A群は左側の否定的回答群の近くに位置している
- B群は否定的回答群やどちらでもないという回答群からは遠く離れている
- D群はA群とE群の間に挟まれている
- H群は肯定的回答と否定的回答の両方を含み，右側にある否定的回答群（I）に近い場所に位置する
- G群は肯定的回答群（F）およびどちらでもないという回答群（J）から離れているが，否定的回答群（I）には近い

これらの結果は，以前筆者らが行ったベイジアンネットワークによる分析結果［Aburai et al., 2018］[3]［Suzuki et al., 2018］[4]とも似通っている。

また，後半の分析の結果から富士本町商店街に関するイメージと来訪目的とは，必ずしも連動していないことが読み取れた。富士本町商店街への来訪者数増加のため，イメージを来訪目的や来訪のきっかけなどにつなげていく必要があろう。いずれにせよ，富士本町商店街の活性化のため，これらの結果はより詳細に検討する必要がある。

本稿の分析から，富士本町商店街のイメージに関して実りある結果を得ることができたといえる。今後はリピーターなどによる連続性のある訪問記録を取得することにより，分析結果を検証してゆきたい。

7.4 多重応答分析の成果

多重応答分析は，アンケート調査で得られた回答のクロス集計表を散布図にすることで，項目間の関係性を視覚的にわかりやすく表現するための手法である。ブランディングなど市場調査でよく用いられる分析手法である。

調査項目が多くなり，全体を把握しにくくなってしまった際などに使われ，マルチコレスポンデンス分析とも呼ばれる。

今回分析に用いたデータは，吉原商店街と富士本町商店街に対して来街者が抱いているイメージに対する回答である。両商店街は同じ富士市内に存在する中心市街地ではあるが，立地や歴史的背景などが大きく異なっている。一般的な印象として持たれていた両商店街の違いを，今回は多重応答分析によって明示することができた。

吉原商店街に対する来街者のイメージは，肯定的，否定的，どちらでもないと考えるグループに明確に分類することができる。その中で肯定的回答群に着目すると，「自然に溢れ親近感を感じる」「都会的な雰囲気の」「洗練された雰囲気がある」「住みやすい」「陽気でわくわくするような」というキーワードで5群に分割することができた。

同様に，富士本町商店街に対するイメージも肯定的，否定的，どちらでもないと考える３つのグループに分類することができた。その中で肯定的回答群に着目すると，「自然に溢れ親近感を感じる」「都会的な雰囲気の」「洗練された雰囲気がある」「安心する」「積極的で活発な」というキーワードで５群に分割することができた。

次に，来街者のイメージに来訪目的をクロスする多重応答分析を加えると，吉原商店街に来る目的がお祭りやイベントであるというグループと，買い物や飲食であるとのグループなどの５群が形成された。イベントを目的とする来街者と買い物や飲食を目的とする来街者では，訪問回数に差があると考えられる。今後は，吉原商店街への来訪者数増加のため，よりこれらのイメージを，来訪目的や来訪のきっかけなどにつなげていく必要があろう。

一方，富士本町商店街に関するイメージと来訪目的とは，必ずしも連動していないことが読み取れた。富士本町商店街への来訪者数増加のためには，イメージに限らず，新たな来訪目的や来訪のきっかけを探る必要があろう。

多重応答分析によって，吉原商店街および富士本町商店街に来訪する消費者の抱くイメージと来訪目的との関係性を明示するとともに，課題を抽出することができた。

今後も，両商店街の活性化につなげるために，集積データを異なる分析手法を用いた統計処理を用いて新たな課題を発見するとともに，有効なデータ収集の方策を検討していきたい。

本稿は，以下に示す査読付き国際学術誌投稿論文および大学紀要掲載論文を翻訳したものに加筆修正を加えて構成した。論文は常葉大学竹安数博教授，摂南大学樋口友紀准教授との共著である。さらに今回は翻訳とデータの再構成など，樋口准教授には大きなお力添えをいただいた。ここに改めて感謝申し上げたい。

Yuki Higuchi, Akane Okubo, Takeyasu Kazuhiro, *Multivariate Analysis for the Questionnaire Investigation on the Needs at Fuji City*, International Journal of Business

Administration, Vol.9, No.5, pp.50-61, 2018

Kazuhiro Takeyasu,Yuki Higuchi, Akane Okubo, Daisuke Suzuki, *Multivariate Analysis for the Questionnaire Investigation on the Needs at Yoshiwara Shopping Street in Fuji City*,『常葉大学経営学部紀要』第6巻第1号，2018年9月，pp.9-23

▶▶注

1　Kazuhiro Takeyasu, Tsuyoshi Aburai, Akane Okubo, Suzuki Daisuke（2018），*Bayesian Network Analysis for the Questionnaire Investigation on the Needs at Yoshiwara Shopping Street in Fuji City*, Business Management and Strategy（BMS），Vol.9, No.1, pp.211〜243

2　Tsuyoshi Aburai, Akane Okubo, Daisuke Suzuki, Kazuhiro Takeyasu（2018），*Bayesian Network Analysis for the Questionnaire Investigation on the Impression at Yoshiwara Shopping Street in Fuji City*, Archives of Business Research, Vol.6, No.5, pp.1〜25

3　Tsuyoshi Aburai, Akane Okubo, Daisuke Suzuki, Kazuhiro Takeyasu（2018），*Bayesian Network Analysis for the Questionnaire Investigation on the Needs at Fuji Shopping Street Town*, Journal of Management and Strategy, No.2, pp.46〜68

4　Daisuke Suzuki, Akane Okubo, Tsuyosi Aburai, Kazuhiro Takeyasu（2018），*Bayesian Network Analysis for the Questionnaire Investigation on the Impression at Fuji City*, International Journal of Business Administration, Vol.9, No.6, pp.1〜21

第8章

産官学連携プロジェクトの効果
～地域連携と学生の成長～

- **8.1** 「観光学」と大学教育
- **8.2** ゼミナールの運営方針
- **8.3** ゼミナール活動の基盤づくり
- **8.4** 産官学協働プロジェクト
- **8.5** プロジェクトの進め方
- **8.6** プロジェクトの効果

8.1 「観光学」と大学教育

　わが国の大学教育において観光学の先駆けとなったのは立教大学で，1972（昭和47）年に社会学部に産業関係学科・ホテル観光コースを設置している。

　続いて1974（昭和49）年に横浜商科大学商学部に貿易・観光学科が設置されたものの，1993（平成5）年に流通経済大学社会学部に国際観光学科が設置されるまでの約20年間は新規の学部・学科設置が認可されないマイナーな学問分野であった。

　その後1998（平成10）年に立教大学が観光学部を設置，2000年代に入ると全国の大学で観光系の学部・学科・コースが相次いで設置された。

　この時期の大学における観光教育への注力は，2003（平成15）年に小泉内閣が「観光立国宣言」によって観光を，国際理解の手段であるとともに，産業の中核として位置づけたことが大きく影響している。

　2006（平成18）年に，「観光基本法」を全面改訂した「観光立国推進基本法」が成立したが，同法には「観光の振興に寄与する人材の育成（第16条）」が重要な課題として掲げられた。並行して2005（平成17）年には国立大学でもはじめて山口大学，琉球大学に観光（政策）学科が設置されている。株式会社リクルートマーケティングパートナーズが運営する「スタディサプリ進学(旧，リクナビ進学)」で検索すると，2018年度の段階で観光関連の学部・学科・コースを持つ大学・短期大学は171校，専門学校を含めると324校にまで拡大している。

　その一方で，観光学系の学部・学科を卒業した学生が観光関連企業に就職する比率が低いことが問題視され，2010（平成22）年ごろから文部科学省などによって「産業界ニーズを踏まえた観光経営人材の育成強化」が提唱されている。

　実際に，観光系の学部・学科のカリキュラムは，観光産業への就職を最終目標に設定していないため，学生たちにとっては観光関連産業であってもその他の多くの一般企業と同様に，就職先の選択肢のひとつにすぎないのだろう。加えて，旅行業がいわゆる超人気業種である一方で採用人数が絶対的に少ないという事実や，労働条件から宿泊産業を回避する学生が少なからず存在するなど，

産業界とともに解決すべき点も多い。

　しかしながら，教育環境の視点で見直すと，近年の産官学による連携や地域振興を目的とした協働事業の窓口として「観光学」には大きな利点があると考える。前述した新たな法律の制定の影響で，観光施策に取り組む地方自治体が増えたことが第一の要因である。また，間近に迫る東京オリンピックや急増するインバウンド観光客への対応策など，取り組むべき課題を認識する企業も多岐にわたるようになった。彼らにとって大学に新設された観光系学部や学科，ゼミナールは，基礎調査や施策の提言などにメリットがあると考えたのだろう。各地で観光系ゼミナールが，大学と産業界や行政とを結ぶ産官学連携事業の実績を積んでいる。

　観光学に興味を持つ学生たちにとっても，座学一辺倒の講義よりも大学を飛び出して産学官連携事業に取り組むことには，大きな意義がある。多種多様な課題を抱える地域に出向き，観光産業等に携わる人々と築く関係性から吸収する学びが大いに刺激となる。指導教員の視点でも，産学官連携によるさまざまな取り組みがゼミナール学生の成長を促したとの実感があり，ここに大学教育で実践する観光学の成果の一端があると考える。

8.2　ゼミナールの運営方針

　はじめて正規の大学教員となり，ゼミナールを担当したのは2006（平成18）年に富士常葉大学総合経営学部（現，常葉大学経営学部）に着任してからである。同年に入学した観光ビジネスコースの1期生が2年生になった2007（平成19）年にゼミナールの運営の方針を決めた。

　まず，実学である観光学の性格から「行動」を重視することにした。初回のゼミで配布する書類には，ゼミ生の心得として，「向上心と好奇心」を持つことを掲げ，以下の4項目を考えた。

　ゼミ生の心得　「向上心と好奇心」
　　①目標を立てて「行動」する（振り返り，チェックする）

②何でも，挑戦してみる（迷ったら，行動する）
③社会の動きに興味を持つ（他人事で片づけない）
④視野を広く持つ（決めつけないで，考える）

また毎日，新聞の全ページに目を通すこと，ゼミ生同士で意見交換をすること，また発表する機会を活用することなどの行動指針を与えた。それらを踏まえて，ゼミ生に1冊ずつゼミ活動ノートを与え，1年間の目標を書き込み，行動を記録させるように指示した。

その一方で筆者は，学生の社会活動の機会を増やすことを念頭に，自治体や各種団体の委員会や研修・講習会の講師，マスメディアの取材など，誰のどんな依頼も基本的には断らないこととした。その結果，多くの学外協力者との協働事業にゼミ生を参加させることができた。

このゼミナールの運営方針は，2017（平成29）年に日本大学短期大学部に籍を移したのちも，幸運なことに大きな変更をすることなく遂行できている。

8.3 ゼミナール活動の基盤づくり

現在運営するゼミナール活動の基盤をつくった背景には，1期生の活躍がある。富士常葉大学（当時）に，2006（平成18）年に新設された観光ビジネスコースを定着させるために，とにかく学生を学外活動に参加させることが新任教員であった筆者の使命であった。まずは，インターンシップの受け入れ企業とボランティア活動ができるイベントを探すことからはじまった。

2007（平成19）年6月に富士宮市で「B-1グランプリ」が開催され，その運営スタッフとしてゼミ1期生を派遣することが決まった。全国からご当地B級グルメが集結する当該イベントは，富士山本宮浅間大社の境内を会場に開催されたが，「富士宮焼きそば」の人気の高まりも影響し，2日間で25万人を集客した。

ゼミ生が担当したのは，混雑を極めた駐車場の誘導，大混乱する会場での行

列整理など,炎天下のイベント会場の中でボランティア活動は,予想をはるかに超えた過酷さだった。

ゼミ生たちはそれぞれの個性やアルバイト経験などを活かして,臨機応変にボランティア現場に溶け込んでいたが,当日現場で活動するだけのボランティア活動での学びには限界があることがわかった。そこで,可能な限り企画や準備の段階から参加できる活動,また学生に経済的負担をかけないことを優先することにした。

次に取り組んだのは,地域発見ツアーの企画である。観光ビジネスコースの2年次は学生が2つのゼミナールに分かれていたのだが,コースのカリキュラムに一方のゼミ生が日帰りツアーを企画・運営し,他方のゼミ生を相互に招待し合う実習を組み込んだ。

ゼミ生のディスカッションから,まずは大学のある富士市を知ることを目的としたツアーを企画した。旧東海道の宿場町だった吉原商店街で歴史と文化,中心市街地の現状を学び,岳南鉄道に体験乗車するコースである。

富士市の歴史・文化・地理・産業などの基礎情報を整理し,そのうえで富士市民の学生を中心に魅力となる観光資源を抽出し,地図上にプロットして行程を整理した。

ツアー行程の吉原商店街の案内と講師をNPO法人東海道・吉原宿の佐野荘一代表理事(当時)にお願いした際に,富士の名産品を造成するプロジェクトの提案をいただいた。地域の名産品など,地域特性を活かした弁当を企画・販売する協働事業である。

学生が弁当のコンセプトをつくり,素材の選定と調達を行い,吉原商店街の仕出し弁当店に依頼して商品化するというものである。名前を「東海道吉原宿左富士弁当」と決めた。

左富士とは,歌川(安藤)広重の浮世絵「東海道五十三次」に描かれている風景を指す言葉である。江戸時代に高波の被害にあい,北側に移動した吉原宿

に向かう途中，それまで右手に見えていた富士山が左側に見える様子を指す。吉原宿を象徴するこの左富士をコンセプトにしたデザインで，ご飯とおかずを配置して，富士市の食材を標高（海，野，山）に合わせてアレンジしたおかずを提案した。弁当箱には，製紙業が盛んな富士市の名産品である段ボールを使った。段ボール紙の切り口が食材に触れないような組箱にした。

由比のサクラエビのかき揚げや，富士宮のブランド豚のヒレカツなど，地域の食材にこだわったことで，仕出し弁当としては1,200円と高額かつ原価率の高い商品になったが，累計で800食余りを販売した。

企画途中でおかずの試食会などのイベントを開催し，それを地方新聞が紹介したことから，静岡県庁の広報誌に取り上げられ，県知事のランチ会議の昼食にも採用されるなど，予想以上の反響につながった。

新聞等メディアへの広報資料（プレス・リリース）も学生が作成して富士市役所の記者室に投函するなど，効果的な広報の仕組みなども協働先であるNPO法人東海道・吉原宿から学ぶことができた。

活動を通して関係した企業や団体からの反応以上に，これらのメディアに取り上げられた事実は，ゼミ生たち自身が社会とのかかわりを実感することにつながった。

1期生はこの他，富士商工会議所との「やぶきた茶の商品開発研究」，全国旅館衛生同業組合連盟（略称：全旅連）青年部との合同合宿，松本大学白戸ゼミ，大阪観光大学橋本ゼミとの研究交流，下田観光戦略会議との観光客動向調査（日本大学国際関係学部の学生も参加），御殿場市・御殿場高校との「プレミアムアウトレットモール調査」など，各所からの提案を，まさに次から次へと受託し，実行していった。

また，活動の成果はそれぞれ協力団体への報告の他，オープンキャンパスや高校出張講義などで発表するほか，大学主催の学生地域貢献活動補助事業（ふじとこ未来塾），富士山麓アカデミック&サイエンスフェアへのポスターセッションなど関係者以外とも意見交換できる機会を活用した。

10年余り経た今振り返ると，商品開発，ツアーの企画運営，対面による観光

第8章 産官学連携プロジェクトの効果〜地域連携と学生の成長〜 *171*

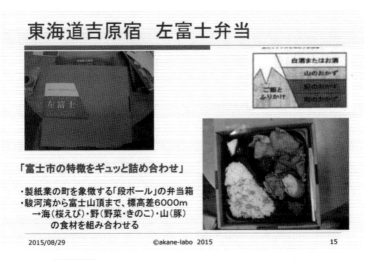

図8.3.1 東海道吉原宿 左富士弁当のコンセプト

客調査の企画から運営，さまざまな対象とのワークショップの運営，さらにポスターセッションやプレゼンテーションによる研究成果の発表，活動報告書の作成など，1期生が卒業するまでの3年間で，いわゆる産官学協働で想定される活動パターンをひと通り経験することができた。

新任教員と1期生が，先行事例のない事案をタイトなスケジュールで，さまざまな学外の協力者と連携を取りながら，複数の案件を並行して進めるのは試行錯誤の連続で，まさに綱渡りであった。しかしながら異なる協力者からの新しい要求であっても，ゼミ生たちは徐々に経験の中で課題を関連づけたり，それまでに得られた学びを応用したりすることで1つずつ解決し，着実に成果を挙げていった。

諸活動の中でゼミ生たちの成長を促したのは，プレゼンテーションの段階であろう。最終報告以外にも途中経過を報告する打ち合わせを含め，何度も発表する機会があった。その発表が，活動経過を振り返り，目標とする到達点までの課題を整理する契機になったと考える。また，成果を決められた時間で正確に伝える訓練であり，有益なアドバイスを得るために表現方法を工夫するのに

も役立った。

　何度も失敗を繰り返した結果，発表に備えて事前にリハーサルを行い，内容を磨いて望むことが習慣になっていった。成果報告のプレゼンテーションに自信を持って臨む姿は，他のゼミ生や後輩たちに刺激を与え，その後のゼミナール活動の基盤となったことは間違いない。

8.4　産官学協働プロジェクト

　2007（平成19）年度にはじまったゼミナール活動の中で，産学官連携に関連する活動をまとめたものが表8.4.1である。

　これらのゼミナール活動では，とりわけ「社会」との接点を意識した。現在の大学生にとっての社会との接点は，一般的にはアルバイトに終始する。彼らにとってアルバイトは学生生活の中でも極めて重要な位置を占めている。それは金銭的な問題であるとともに，アルバイト先で築かれる人間関係によるものも大きい。大学生が「頼りにされ」ているのでアルバイトを休めないのである。その結果，自宅と大学，アルバイト先の3ヵ所を巡回する日常が完成する。

　そのような日常の中で，産学官連携のゼミナール活動は，日常生活圏外の「社会」に目を向けること，そこでの役割を認識する機会につながっている。時間給という形ではなく"責任と目に見えない報酬"を得ることができる。それが学生の成長実感となり，新しい事案に対してもポジティブに向き合う姿勢を醸成すると確信している。

　2011（平成23）年から6年間取り組んだ「顔晴ろう！福島『おつかいし隊』」は，社会からの評価を強烈に実感する活動であった。本事業は会津若松市のNPO法人素材広場と協働して震災後の会津若松市の農業を応援する活動で，学生たちが地元静岡で注文を取り，自ら福島に赴き，「おつかい」として購入した商品と情報を届けるという活動である。毎年少しずつ企画を更新していったが，震災直後からの農家の皆さんの努力を身近に感じ，風評被害の理不尽さ

も実感することができた。諸事情で継続が困難になってしまったが，機会をつくりいつか復活させたい。

表8.4.1　地域と連携したゼミナール活動一覧

年度	協働先	テーマ	外部資金○ 大学補助△
19・20	NPO法人東海道・吉原宿	「東海道吉原宿弁当」の企画・販売他	○
19・20	富士宮市環境経済部	B-1グランプリ／B-1フェスタ イベントスタッフ	
20	NPOまちづくりトップランナー	地域力再生大学への入学	
20・21	富士商工会議所	やぶ北茶商品開発（20年度調査／21年度商品提案）	○
21～23	御殿場市商工観光課 御殿場高校	御殿場プレミアムアウトレットでの観光客動向調査	
21・22	全国旅館業衛生同業者組合連合会青年部	宿の文化研究会との合同合宿（21年度四万温泉，22年度鹿教湯温泉）	△
21	下田観光戦略会議	観光客動向調査	○
22	富士青年会議所まちづくり委員会	「岳チャリ」イベント企画・運営	△
22	富士市食育委員会	食育イベントボランティア	
22	熱海温泉旅館組合	プロジェクト学生スタッフ（インバウンド・モニター調査）	
22	富士市教育委員会	セミナー学生パネリスト	
23	富士青年会議所	青年会議所記念事業でのブース出展（震災復興）	
23	ふじさんメッセ	イベントでのブース出展（震災復興）	
23～27	NPO法人素材広場	「顔晴ろう！福島『おつかいし隊』」企画・運営	△
25	富士商工会議所	「富士ブランド」事業への提案，産業都市における観光振興	○
26	富士宮市環境経済部	「中心市街地の回遊性向上」	○

27	株式会社JTB中部	河津桜まつりにおける観光客動向調査（静岡県立大学）	○
28	株式会社あきんどスシロー	地域の食文化を活かした新商品開発（常葉大学キャンパス間連携：瀬名キャンパス安武ゼミ・浜松キャンパス中津川ゼミ・富士キャンパス安達，大久保ゼミ合同）	△
28	富士山まちづくり株式会社	富士市中心市街地再起動計画（富士商工会議所，勝亦・丸山建築計画（当時），工学院大学木下研究室）富士市2商店街におけるリノベーション意向調査	○
28〜30	小山町町長戦略室／建築部商工観光課	28年度「道の駅ふじおやまにおける新商品開発」29年度「人が訪れ消費が拡大する観光振興」30年度「金太郎を活用したまちのPR」（日本大学短大）	○
29	三島市戦略課住むなら三島戦略室	市民主体のまちづくり活動補助事業「移住につながる大学生目線の三島の発信」（日本大学短期大学部の単独）	○
30	三島市戦略課住むなら三島戦略室	ジョブマッチング／みしましゅらん（日本大学短期大学部の単独）	○

「顔晴ろう！福島『おつかいし隊』」プロジェクトは，さまざまなコンペティションに挑戦するきっかけとなった企画でもある。

2011（平成23）年度は経済産業省が推進していた「社会人基礎力育成グランプリ」にエントリーして，「『顔晴ろう！福島プロジェクト』で身についた社会人基礎力」としたプロポーザルが，霞が関の経済産業省大ホールで開催された準決勝大会に進んだ。

翌2012（平成24）年度には「大学生観光まちづくりコンテスト」にゼミの留学生で構成したチームでエントリーして，熱海の観光まちづくり策（インバウンド部門）で最優秀賞である観光庁長官賞を受賞することができた。さらに，

第8章　産官学連携プロジェクトの効果〜地域連携と学生の成長〜　175

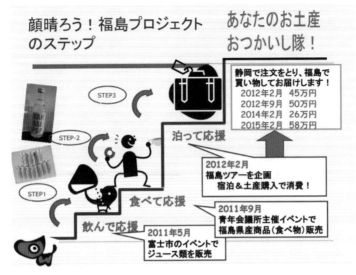

図8.4.1　「顔晴ろう！福島『おつかいし隊』」のステップ

彼らのプレゼンテーションが，聴衆の投票によって決まるパフォーマンス特別賞にも選ばれ，思わぬダブル受賞となった。

それ以降も2013（平成25）年度には，静岡県が主催する「静岡県農芸丼コンテスト」で「福島×静岡コラボ弁当プロジェクト」が特別賞を受賞した。同じプロジェクトで「大学生による観光研究大会」に挑戦し，中部地区の最優秀賞を受賞し，全国大会出場を果たした。また同年，別のチームによる富士市の産業観光商品化プロジェクトが，「富士山麓アカデミック＆サイエンスフェア」の社会科学系部門で優秀賞を受賞した。

そのほか，2014（平成26）年度以降，5年間連続で公益社団法人ふじのくに地域・大学コンソーシアムの大学ゼミ地域貢献活動支援事業に企画が採択され，活動資金と発表の機会をいただいている。

当該コンソーシアムの採択事業には，筆者が2017（平成29）年4月に常葉大学から日本大学短期大学部に職場を移してからも，常葉大学の竹安教授のゼミ生と小山町との協同事業に取り組むことができた。2018（平成30）年度は，常

葉大学竹安ゼミと短大ゼミ生との合同チームで小山町の課題に取り組むことができている。

8.5 プロジェクトの進め方

前項で列挙したゼミナールのプロジェクト活動は，実は，すべての活動を全員が全力で取り組んでいるわけではない。常に複数のプロジェクトが並行して進んでいるため，参加できるゼミ生が，参加できるときに，それぞれのペースでプロジェクトに取り組みつつ進める，というイメージである。

どのプロジェクトに参加するか，もしくは参加しないか，どの程度関与するかなどの意思決定は，各ゼミ生に自由に決断させるように心がけている。

しかしながら，アルバイトや授業，部活などで多忙な学生にとって，「参加する」ためのはじめの一歩を踏み出すのが困難であることも事実である。そのための解決策として，メニューの提示方法を工夫している。

参加できるプロジェクトは，タイトルだけでなく活動を細かくプロセスに分解しさまざまな役割を提示する。スケジュールとステップを提示することで，途中から参加できる選択肢を与えるのだ。

また先輩がこれまで取り組んだプロジェクトは，企画書，計画書，報告書，プレゼンテーションなどの書類や写真，資料をいつでも確認できるようにゼミナール内でオープンデータ化したことも有効であった。本人にははじめての経験でも，身近な「お手本」があればなんとかなる，と考えるゼミ生は多い。また彼らの応用力には目を見張るものがある。

過去の活動の資料だけではなく，作業中の報告書やプレゼンテーションもクラウド上に保管しておけば，作業できるゼミ生がいつでも取り出して書き加えることもできる。現在進行中の作業分担も無理なく，進捗状況の確認も容易で非常に効率が良い。

もちろん，先輩に直接教えてもらう機会があれば，その環境が最適である。イベントや合宿はだれでも参加できるように情報を公開し，可能な限り先輩や

第8章　産官学連携プロジェクトの効果〜地域連携と学生の成長〜　*177*

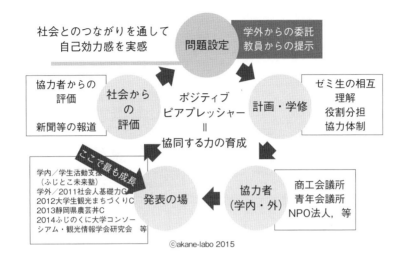

図8.5.1　プロジェクト運営のプロセス

OBに参加を促し，現役のゼミ生が気軽に相談できる関係性を構築する。

　合宿や調査などのイベント中は，スマートフォンを使ってこまめに感想や意見をメモしてクラウド上に保管しておくのも，後日報告書などを作成する際に役立つ。その他，写真データの保存なども含め，ICT環境が整うにつれ，ゼミ生がより便利な手法を取り入れてくれる。

　週1回の正規のゼミ講義は，ゼミ生同士の情報共有に時間を割いている。進行中のプロジェクトに対して，参加意欲はあるものの事情で欠席したゼミ生も，進捗状況を共有することで，これから"自分ができること"を自ら考えることができる。また，活動している側の学生にとっても状況や課題を整理する時間になるとともに，具体的に困っていることを洗い出し，助けを求める機会にもなる。

　重要なのは，ゼミ生たちがそれぞれ自らの意思で決断し，行動することである。決断したことが責任感につながるからだ。そのために，決断したことを意識させることが必要で，そのための言語化（発言させる）や文章化（書かせる）のプロセスも重視している。

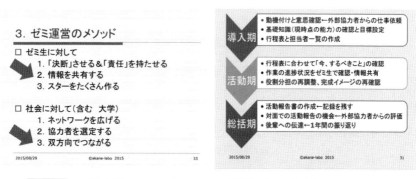

図8.5.2　ゼミ運営のメソッド　　図8.5.3　プロジェクトのステップ

　また，通年や経年など長い期間をかけて取り組むプロジェクトでは，ゼミの時間を活用して細かく報告する機会を設け，その都度「ちょっと頑張った」ゼミ生を「ちょっとずつ誉める」機会にした。このように「ちょっとしたスター」をたくさんつくる。この「ちょっと」が，本人のモチベーションを高めるだけではなく，他のゼミ生の意欲を刺激して，お互いにポジティブなプレッシャー（＝ポジティブ・ピア・プレッシャー）を与え合い，その結果ゼミ生が「ちょっとずつ」頑張るチームをつくってくれる。

　「ちょっとずつ誉める」という行為は，協同事業者にもお願いしている。ゼミ生同士や教員が誉めるのと比較して，学外の協力者から「ちょっと誉めて」もらう効果は絶大である。

　そのためにも，できるだけ協働事業者への経過報告を行うように心がけている。進捗状況や経過報告は，できるだけこまめに行うほうが，経験上，軌道修正がしやすい。学生の企画は計画どおりにいかず途中で修正することも多いが，特に行政担当者への軌道修正は早めの情報伝達が必要である。

　また，概して学生の考えることは，すでに取り組んでいたり，ある程度の結果が予測されるレベルの提案であることも多い。学生の知識と経験をベースとしているので，どうしても制限がある。しかしながら，企画の途中で協力者からその点を指摘してもらうことで，新しい案が出るもしれない。最終的につま

らない提案が出てきて、お互いにがっかりすることは、できるだけ避けたい。

そのため、学生のペースを理解してくれる協同事業者を選ぶ、もしくは理解してもらう努力をするのは、教員の役割であると考える。

ゼミナール活動を公開することも学生を理解してもらうための有効な手段である。学外からの協力依頼をいただいた際には、可能であればゼミナールを見学するように勧めている。依頼の際に大学生に過度な期待を抱く前に、等身大のゼミ生を見ていただくとともに、協働する事業構想をゼミ生に直接語ることで熱意を伝えるのに効果的である。

それらを考慮しつつネットワークを広げた結果、学生ともフラットにつながり協力してくださる方々が増えてきたのは、ありがたいことだ。

また、新聞などメディアで取り上げてもらうことも「ちょっと誉める」の延長である。メディアで取り上げられると、ゼミ生だけではなくゼミ生の家族や親せき、ときには母校にまで情報が広がり、それがゼミ生にフィードバックされるとモチベーションが一気に高まる。

メディアからの問い合わせに応じる際にも、活動記録を集約してクラウド上に保存しておくことは非常に有益である。

8.6 プロジェクトの効果

ゼミナールでプロジェクトに取り組む目的は、学生に「自己効力感」を獲得させることである。言い換えると、あらゆる場面において、そのとき自分が何をするべきか、そしてやればできる、と思って物事に取り組める習慣をつける、ということになる。それが彼らの来るべき社会生活で出合う課題に取り組む姿勢を醸成すると考えている。

バンデューラ（1977）は、自己効力感を高めるためには「達成感」「代理体験」「言語的説得」「生理的／情緒的喚起」の4つの情報源がある[1]と指摘している。

ひとつ目の「達成感」のためには、自分で決断し、目標を立てる必要がある。

目標までのロードマップを作成させ，イベントごとの振り返りの時間をつくる。このときに「感想」や「意見」を言葉で表現することが重要である。発言すること，書くことは，ゼミ生同士がそれぞれの考え方を理解するのに役立つ。また書いたものを保存しておくことは，後で自己の成長を確認することに役立つ。イベントごとに成長できた自分を確認すること，他のゼミ生や学外の大人に成長を認めてもらうことは，達成感に直結する。

　2つ目の「代理体験」は，プロセスを共有することで実現することができる。例えば，活動報告のプレゼンテーションを担当する学生本人以外も，プレゼンテーションの制作にかかわり，発表の構成を話し合い，練習に立ち会う，本番の応援をするなど，かかわり方にはいろいろな形がある。

　3つ目の「言語的説得」のためには，指示・説明をできるだけ具体的にわかりやすく行う努力が必要となる。そのうえで，ゼミ生自身で考えさせ，言葉で表現させる。なぜならばゼミ生の課題も答えも，ゼミ生自身の中に存在しているからだ。

　それを引き出すためには，まず良いところを見つけて先に「ちょっと誉める」ことも大切である。教員や大人からの意見や評価も必要だが，まずはゼミ生同士で意見交換をする段階を持つことの効果は大きい。

　また，言語化は教員にとっても永遠の課題だが，メディアによる報道はゼミ生の活動を一般化して説明する「お手本」になると実感している。

　4つ目の「生理的／情緒的喚起」のためには，多くの活動メニューを，さまざまなプロセスで，気軽に参加できる環境をつくり，自らの意思で体験する機会をつくることを心がけている。

　ゼミナールで取り組むさまざまなプロジェクトは，ゼミ生たちが卒業後に経験する社会生活の模擬体験であり，リハーサルであると考えている。大学での学びを社会に活かす方法はひとつではない。一般に社会には理不尽なことが多く，しかも解決するための「正解」があるわけではない。1つひとつの課題に対して，くじけず前向きに取り組む姿勢が必要なのである。

　振り返ると，改めてゼミ生や学外の協力者に恵まれてきたことを実感してい

る。大学のゼミナール活動としては，少々やり過ぎている感も否めない。正直なところ，ゼミ生に大きな負担をかけたという実感も，反省もある。実際に反発する学年もあった。しかし，なぜかその学年の学生がOB会などへの出席率が高かったり，学生のイベントに企業の担当者として参加したりと，卒業後の付き合いが継続しているのだ。そして後輩にゼミ活動を勧めるのだ。

　ゼミナール活動にも，指導方法にも，きっと正解はないのだが，学生たちの成長の瞬間に立ち会う喜びはかけがえのないものである。しかし，それを筆者だけが楽しむだけではいけない時期に来ていることも認識している。

　今後は，彼らの活動結果を筆者自身の研究に活用するなど，社会に還元する方法を模索していきたい。

　本稿は，「第1章　プロジェクトを活用したゼミナール運営～地域との連携が学生を成長させる～」『大学教員の日々』(和泉出版，2018) に加筆修正を加えて構成した。

▶▶参考文献

Albert Bandure（1977）"Self-efficacy; Toward a unifying theory of behavioral change". Psychological Review 84（2）: pp.191-215

狩野美知子，野方宏（2009），「第2回熱海市観光ヒアリング調査報告」，静岡大学経済研究14（3），pp.23-33

狩野美知子（2011a），「熱海市観光客の特性分析：熱海市観光客動向調査をもとに」，静岡大学経済研究15（4），pp.103-118

狩野美知子（2011b），「熱海市観光客の特性分析：データ追加と修正に基づく再考」，静岡大学経済研究16（2），pp.61-78，

塩谷英生，朝日幸代（2009），「観光統計データの種類と活用―宿泊旅行統計を利用した分析」，産業関連Vol.17. No.1.2，pp.16-29

土居英二編，熱海市・静岡県・（財）静岡総合研究機構他著（2009）『はじめよう観光地づくり政策評価と統計分析』日本評論社

吉田樹，太田悠悟，秋山哲男（2009），「大都市観光地域における来街者行動特性とその調査手法に関する基礎的研究」，観光科学研究第2号，pp.13-20

▶▶さくいん

英語

ADさん，いらっしゃい……………………16
SD法（セマンティックディフェンシャル法）………………………………………141

あ行

アウトバウンド……………………………2
熱海国際観光温泉文化都市建設法………8
熱海市観光基本計画………………………15
インバウンド………………………………2
ウェルカムプラン21
（訪日観光交流倍増計画）………………3
温泉観光地…………………………………5

か行

カイ二乗値………………………………122
岳南電車……………………………………59
仮説検定……………………………119, 122
株式会社machimori（まちもり）…18, 104
河津桜まつり……………………………119
観光基本法…………………………………2
観光資源…………………………………57
観光地………………………………………4
観光庁………………………………………4
観光白書…………………………………21
観光まちづくり……………………………4
観光土産品…………………………………78
観光立国推進基本法………………………4
観光立国宣言………………………………4
基礎統計…………………………………138
期待値……………………………………123
貴賓会………………………………………2

帰無仮説…………………………………123
クーポン式遊覧券…………………………9
工場夜景………………………………59, 70
工場夜景観光……………………………59
行動観察…………………………………36
行動観察調査（エスノグラフィ）
………………………………34, 36, 92
購買意欲調査……………………………32

さ行

サービスエリア（SA）………………80, 87
産業観光…………………………………58
産業都市………………………………52, 70
試験販売…………………………………39
自己効力感………………………………179
試作実験…………………………………39
試作販売…………………………………41
市場調査…………………………………30
実測値……………………………………123
シティプロモーション基本指針………16
ジャパン・ツーリスト・ビューロー……2
商店街……………………………………100
食育基本法………………………………27
食料・農業・農村基本計画……………27
聖地巡礼…………………………………58
全国工場夜景サミット…………………60
総合保養地域整備法
（通称：リゾート法）……………………3

た行

対面調査…………………………………31
対立仮説…………………………………123
多重応答分析………138, 143, 154, 160, 161

団体観光旅行…………………………………2
地域振興………………………………………3
地域団体商標登録制度……………………82
地域ブランド………………………………81
地域ブランド認定事業……………………82
地産地消………………………………27, 86
着地型観光………………………………5, 57
中心市街地………………………………100
中心市街地活性化法……………………101
定点観察調査………………………………38
テンミリオン計画……………………………3
湯治場……………………………………5, 7
特定非営利活動法人atamista
　（アタミスタ）……………………18, 104
独立性……………………………………122

な行

ナンバープレート調査……………………32
農産物直売所………………………………85

は行

パーキングエリア（PA）……………80, 87
ビジネス出張客………………53, 63, 68
富士工場夜景倶楽部………………………59
富士工場夜景事業推進協議会……………60
富士市観光基本計画………………………59
富士市観光交流まちづくり計画…………52

富士市まちなか再起動計画………100, 138
富士ブランド………………………………60
富士ブランド認定事業……………………60
富士本町商店街…………………………100
不動産アーカイブ………………………106
ポスト・マス・ツーリズム………………58

ま行

まちづくり…………………………3, 4, 20
まちづくり三法…………………………101
まち・ひと・しごと創生法……………103
マルチコレスポンデンス分析…………161
道の駅………………………27, 28, 86
道の駅「ふじおやま」……………26, 28
土産品………………………………………78

や行

有意水準…………………………………123
吉原商店街………………………………100

ら行

リノベーション………………18, 101, 138
リノベーションスクール……………20, 102
リノベーションまちづくり……………101
レストランシアター………………………11
六次産業化法………………………28, 85

【著者略歴】

大久保 あかね

愛知県出身，1987年奈良女子大学文学部教育学科卒，2003年立教大学観光学研究科博士課程後期課程終了。博士（観光学，立教大学），GCDF-Japan標準キャリアコンサルタント。
現在，日本大学短期大学部（三島校舎）ビジネス教養学科教授，法政大学大学院イノベーション・マネジメント研究科客員教授。専門分野：観光学（観光文化論・宿泊産業論）。

1987年	株式会社リクルート（現リクルートホールディングス）入社，就職情報誌事業部で営業と制作部門を経験（～1992年）
1996年	株式会社リクルート（同上）じゃらん事業部と業務委託契約，静岡県熱海温泉の旅館ホテル・行政の広告の企画・政策を担当
2006年	富士常葉大学総合経営学部総合経営学科観光ビジネスコース准教授
2010年	同　教授
2013年	常葉大学経営学部教授
2017年	日本大学短期大学部教授

［社会的活動］
国土交通省中部地方整備局 事業評価監視委員会委員（2007年～2017年）
国土交通省中部地方整備局 地方小委員会委員（2006年～2016年）
静岡県ふじのくに観光推進懇話会座長（2015年）
静岡県国土利用計画審議会委員 他

［所属学会・団体］
日本観光研究学会，総合観光学会，観光情報学会 他

観光と地域振興－その実践的応用

2019年3月20日　第1版第1刷発行

著　者	大久保あかね
発行者	山　本　　　継
発行所	㈱中央経済社
発売元	㈱中央経済グループ パブリッシング

〒101-0051　東京都千代田区神田神保町1-31-2
電話　03 (3293) 3371 (編集代表)
　　　03 (3293) 3381 (営業代表)
http://www.chuokeizai.co.jp/
印刷／東光整版印刷㈱
製本／侑井上製本所

Ⓒ 2019
Printed in Japan

＊頁の「欠落」や「順序違い」などがありましたらお取り替えいたしますので発売元までご送付ください。（送料小社負担）
ISBN978-4-502-29841-7　C3034

JCOPY〈出版者著作権管理機構委託出版物〉本書を無断で複写複製（コピー）することは，著作権法上の例外を除き，禁じられています。本書をコピーされる場合は事前に出版者著作権管理機構（JCOPY）の許諾を受けてください。
　JCOPY〈http://www.jcopy.or.jp　eメール：info@jcopy.or.jp　電話：03-3513-6969〉